DE L'INFLUENCE

DU

LANGAGE POPULAIRE

SUR LA FORME

DE CERTAINS MOTS DE LA LANGUE FRANÇAISE

Paris. — Imprimerie Cosse et J. Dumaine, rue Christine. 2.

DE L'INFLUENCE

DU

LANGAGE POPULAIRE

SUR LA FORME

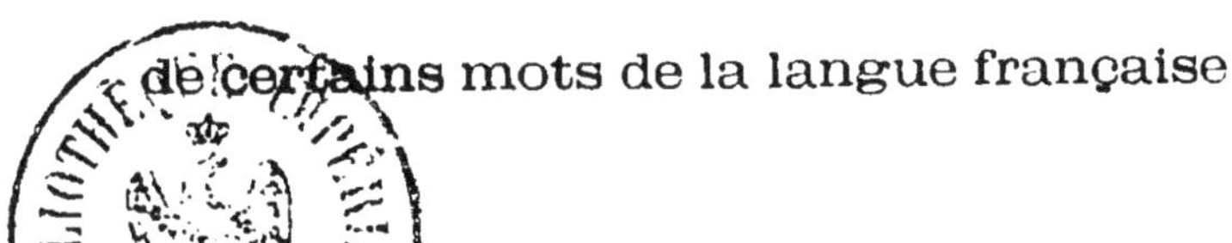

de certains mots de la langue française

PAR

ÉMILE AGNEL

PARIS

LIBRAIRIE J. B. DUMOULIN

Libraire de la Société des Antiquaires de France

13, QUAI DES AUGUSTINS, 13

1869

AVERTISSEMENT.

Le volume que nous publions forme la troisième partie d'un ouvrage intitulé : *Études philologiques sur la prononciation et sur le langage populaires de Paris*. Nos occupations nous ont empêché jusqu'ici d'achever la révision de notre manuscrit, afin de le livrer à l'impression. Cependant nous avons détaché de notre travail les derniers chapitres qui traitent *de l'influence du langage populaire sur la forme de certains mots de la langue française* et nous avons sous ce titre publié une série d'articles, qui ont paru, cette année, dans le *Journal général de l'instruction publique*. En réunissant ces articles, notre désir est de répondre à l'accueil bienveillant qu'ils ont reçu et d'éviter des recherches à ceux qui seraient tentés d'y recourir. Sans en changer la forme primitive, nous les avons complétés et rangés dans l'ordre qui nous a semblé le plus convenable au sujet.

DE

L'INFLUENCE DU LANGAGE POPULAIRE

SUR LA FORME

DE CERTAINS MOTS DE LA LANGUE FRANÇAISE.

Dans notre langue, de même que dans toute langue qui possède une littérature plus ou moins riche, il existe parallèlement à la langue grammaticale, c'est-à-dire à la langue écrite et parlée par l'élite de la société et par ceux qui ont quelques notions des sciences et des arts, une autre langue parlée seulement dans les classes inférieures par les gens dépourvus de toute culture intellectuelle. Cette langue populaire, en d'autres termes, ce patois, au milieu des changements, des altérations de toute sorte qu'il fait subir aux mots, conserve cependant des formes qui lui sont propres.

Indiquer les formes particulières au langage du peuple de Paris et montrer quelle a été sous ce rapport l'influence du langage populaire sur la langue régulière et grammaticale, tels sont les points sur lesquels il nous paraît aussi nouveau qu'utile d'appeler l'attention de ceux qui s'intéressent à l'histoire de notre langue.

Pour atteindre le but que nous nous proposons, nous examinerons successivement les préfixes, les permutations, les additions et les suppressions de lettres dans le langage populaire.

CHAPITRE Ier.

DES PRÉFIXES.

En français, une grande quantité de mots composés ont été formés au moyen d'un *préfixe,* c'est-à-dire d'une particule inséparable qui est toujours placée au commencement du mot.

Au point de vue du langage populaire et de l'influence que ce langage a exercée sur la langue régulière et grammaticale, les préfixes *re, dé, en, contre, es* nous ont paru mériter un examen particulier.

§ Ier. — Du préfixe *re.*

Le préfixe *re* est placé, en français comme en latin, au commencement d'un grand nombre de mots composés. Dans l'une et l'autre langue, ce préfixe donne l'idée d'un espace parcouru de nouveau, soit dans le même sens, soit en sens inverse ; et il suit de là que la particule *re* est tantôt itérative, tantôt adversative.

Le peuple de Paris et de ses environs ajoute à plusieurs mots, et notamment à plusieurs verbes, la particule *re,* sans qu'il y ait réitération ou augmentation, en d'autres termes, sans que le mot offre un sens autre que celui qu'il a dans sa forme simple. Ainsi le peuple emploie *rappeler* pour *appeler,* il a perdu son procès et il en a *rappelé; resserre* pour *serre,* il faut rentrer les fleurs dans la *resserre* ; *ramasser* pour *amasser,* je suis tombé dans la rue et le monde s'est *ramassé* autour de moi ; *remplir* pour *emplir*, il faut prendre les bouteilles vides et les *remplir ; remonter* pour *monter*, ma montre n'est pas *remontée*, etc.

Les gens du peuple placent aussi le préfixe *re* devant certains noms et certains verbes simples dont ils forment des noms et des verbes composés que réprouve le bon usage de la langue ; tels sont par exemple : *rétameur, rétamer, récureur, récurage, récurer, ramincir, rapproprier, rassortir, raiguiser, renforcir*, au lieu de *étameur, étamer, écureur, curage, écurer, amincir, approprier, assortir, aiguiser, enforcir*.

La particule *re*, placée devant un mot sans en modifier le sens, est une forme ancienne du langage populaire ; et il importe de remarquer que cette particule ainsi employée, comme le fait le peuple, a fini par s'attacher si étroitement à certains mots, que ces mots avec le temps ont pris, dans la langue régulière et grammaticale, la place des mots qui y étaient précédemment en usage.

Par exemple, nous disons aujourd'hui *remercier* pour signifier rendre grâce ; dans l'ancien français on écrivait *mercier*. Entre ces deux formes de mots, quelle est la différence ? *Remercier* est la *forme populaire* et *mercier* la *forme grammaticale*. Au XVIe siècle on employait indistinctement *mercier* ou *remercier* (1). Au

---

(1) Jehan Thierry, dans son *Dictionnaire françois latin* publié en 1564, s'exprime ainsi :— « Re mis en composition devant les verbes ha plusieurs significations, car aucunes fois il signifie autant que *denuò*, derechef : comme *rabattre, rechauffer, relaver*, etc. ; aucunes fois il signifie : *vicissim* comme *rebrogarder* αντισχωητειν, *retorquere scomma*, *refrapper*,

commencement du XVIIe on disait encore *mercier* et *remercier*, mais on préférait ce dernier verbe. Dans la première édition du Dictionnaire de l'Académie française publiée en 1694 et dans les éditions subséquentes on ne voit plus figurer que *remercier*. Ainsi, dans cet exemple, la forme populaire *remercier* l'a emporté sur la forme régulière et grammaticale *mercier* et a fait disparaître entièrement cette dernière forme.

Il en a été de même pour les verbes *rencontrer*, *renverser*, *rassasier*, *réjouir*, *regarder*, *ralentir*, *ressembler*,

---

referire, *ferientem ferire*... Quelquefois il vaut autant que *retrò*, derrière, en arrière : comme *reculer*, aller en arrière... Parfois ne change en rien la signification du simple comme *reconforter*, *conforter*, *remonstrer* les fautes à aucun, *monstrer*, *receler*, *celer*, *racompter*, *compter*, *remercier*, *mercier*, *repaistre*, *paistre*, *reschapper*, *eschapper*, *réveiller*, *éveiller*. Autrefois il augmente la signification du simple et signifie autant que *valdè* beaucoup, fort : comme *redoubter*, *fort doubter*, *redonder*, *réclamer Dieu à son aide*, *vehementer inclamare*... »

Nicot (*Thrésor de la langue française tant ancienne que moderne*, Paris, 1606) reproduit textuellement ce passage. Le même auteur au mot *rabbaisser* dit : « *rabbaisser* signifie *abbaisser* et n'est point composé de *re* pour *derechef* comme sont *refaire*, *redire*, *revivre*, etc., Ains est de la manière de ces verbes *raccourcir*, *rassasier*, *rabattre* et semblables qui ne sont point *itératifs*. Ainsi dit-on rabaisser le caquet d'aucun du quel le caquet ne fut-onc baissé » ; et au mot *abbaisser* Nicot remarque aussi que *rabbaisser* et *abbaisser* ont la même signification ; « car on peut dire je vous *abbaisserai* bien le caquet, tout ainsi qu'on fait je vous *rabbaisserai* bien le caquet. »

Vaugelas (*Remarques sur la langue française*, v° *jaillir*) dit aussi : « Il y a des verbes simples qui ne sont guères en usage et l'on se sert des composez en leur place, qui ne laissent pas de retenir la signification du simple et non pas du composé ; comme par exemple, *refroidir* est beaucoup mieux dit que *froidir*, dont je doute mesme s'il est bon, quoique plusieurs le dient, et ce *re*, bien qu'il dénote une répétition ou réitération, ne luy donne point une autre signification que celle du simple. Il en est de mesme de *rejaillir* (pour *jaillir*) ; il y en a quelques autres de cette nature qui ne se présentent pas maintenant à ma mémoire. »

rembrunir, dont la forme ancienne était *encontrer* (1), *enverser* (2), *assasier* (3), *esjouir* (4), *esgarder* (5), *alen-*

(1) Et s'en tourne vers le bos droit,
Et tant et sus et jus et là
Que la damoiselle *encontra*.

(*Roman du Chastelain de Coucy*, v° 3006.)

Deusses-tu pas, quant tu m'*encontres*
Mettre la main au chapperon ?

(*Ancien théâtre français*, t. III, p. 24.)

(2) Li uns est sour l'autre verses
Chascuns se gist tous *enverses*.

(*Roman de la Violette*, v° 1942.)

(3) Maint povre en son ki sont moult preu,
Humle, simple, dous, debounaire,
Ki seroient tout d'autre afaire
S'il fussent rice et *assasé*,
Qui sont humle par povreté.

(*Renart le nouvel*, v. 1378 à la suite du *Roman du Renart*, édition Méon.)

Satio, as, avi. *Assasier*, mettre fin aux désirs désordonnés de jouer, de boire et de manger. (*Epithoma vocabulorum* a Guilelmo monacho de Villa dei, 1529.)

(4) Ce dist li fiz, merveilles oi
Si sachiez que mout m'en *esjoi*.

(*Le Chastoiement d'un père à son fils*, VIII, v. 71.)

Stipon, le philosophe, interrogé si les dieux *s'esjouissent* de nos honneurs et sacrifices : Vous estes indiscret, respondit-il...

(Montaigne, *Essais*, liv. II, chap. XII ; édit. Leclerc, t. III, p. 168.)

(5) Mais *eswarde* si tu parfeitement n'en es délivrez des periz de cette meir (mer).

(*Sermons de saint Bernard*, p. 568.)

Et il ploure mout fort por ceu que il ne trueve nuns dignes d'ovrir lou livre ne de lui *esgardeir*.

(*Apocalypse* cité dans Burguy, *Grammaire de la langue d'oïl*, t. I, p. 182.)

tir (1), *sembler* (2), *embrunir* (3). Ici encore la forme populaire *re* s'est ajoutée au mot sans en modifier le sens, et cette forme composée et irrégulière a fini par prévaloir sur la forme simple et grammaticale (4).

---

(1) J'en trouve qui se mettent inconsidérément et furieusement en lice et *s'alentissent* en la course.

(Montaigne, *Essais*, liv. III, chap. XII; édit. Leclerc, t. V, p. 35.)

Je veux de ton rival *alentir* les transports.

(Molière, l'*Étourdi*, acte III, scène 5.)

Le zèle cependant chaque jour devroit croître,
Profiter de l'exemple et de l'emploi du cloître;
Au lieu que chaque jour sa vigueur *s'alentit*.

(P. Corneille, l'*Imitation de Jésus-Christ*, liv. I, chap. XI.)

Dans les deux premières éditions du Dictionnaire de l'Académie française, on voit figurer *alentir* et *ralentir* offrant tous deux le même sens, c'est-à-dire signifiant rendre plus lent. La troisième édition publiée, en 1740, contient encore *alentir*, avec les exemples donnés dans les éditions précédentes, mais avec cette addition. « On dit ordinairement *ralentir*. » — Dans la quatrième édition, publiée en 1762, on ne trouve plus que *ralentir*.

(2) Vostre conseil, dist Panurge, sous correction, *semble* à la chanson de Ricochet; Ce ne sont que sarcarsmes, moqueries...

(Rabelais, *Pantagruel*, liv. III, chap. x.)

Sembler, ressembler, estre semblable. Similem esse... Cetuy *semble* son père et celuy sa mère, hic patris, ille matris est similis.

(Monet, *Inventaire des deux langues françoise et latine*, 1635.)

(3) Quelle langueur ce beau front déshonore?
Quel voile obscur *embrunit* ce flambeau?

(Ronsard.)

Puis alors que Vesper vient *embrunir* vos yeux.

(*Id.*)

(4) Le même fait s'est produit à l'égard des verbes *acoiser* et *racoiser*, qui, tous deux, n'existent plus dans notre langue et qui signifiaient apaiser, rendre *coi*, calme, tranquille.

Si la forme populaire *re*, dans les mots que nous venons de citer, a remplacé la forme simple et a fait disparaître cette dernière forme, il est arrivé aussi que certains mots ont revêtu la forme populaire *re* tout en conservant la forme simple ; de sorte que le même mot, gardant le même sens, s'est trouvé posséder une double forme : d'un côté la forme simple, de l'autre la forme réduplicative. Tels sont, par exemple, *enchérir* et *renchérir*, *abêtir* et *rabêtir*, *enfermer* et *renfermer*, *amollir* et *ramollir*, *allonger* et *rallonger*, *allonge* et *rallonge*, *embourrer* et *rembourrer*, *emplir* et *remplir*, *éveiller* et *réveiller*, *apetisser* et *rapetisser*, *accourcir* et *raccourcir*, *adoucir* et *radoucir*, *assoter* et *rassoter*, *épandre* et *répandre*, *abonnir* et *rabonnir*, *doubler* et *redoubler*, *sentir* et *ressentir*, *se souvenir* et *se ressouvenir*, *tordre* et *retordre*, *luire* et *reluire*, *élargir* et *rélargir*, *étrécir* et *rétrécir*.

Dans ces deux mots *enchérir* et *renchérir*, la forme

Car menjue (démangeaison) *s'acoise* qui ung petit la grate.
(*Testament de Jehan de Meung*, v. 844.)

En celles temps comme le roy Charles se veist aucques audessus de ses besongnes et non si occupé de grans guerres, aucques lors *accoisées*, etc. (Christine de Pisan, *Histoire de Charles V*, citée par Ducange, v° *Acquitare*.)

Car qui *racoise*
Des médisants la murmure et la voix
Moult sages est.

(Christine de Pisan, *Le Débat des deux dames*, cité par Ducange, V° *Coetus*.)

Enfin, la rumeur commençant un peu à se *racoiser*
(*Satire Ménippée*, 1709, t. Ier, p. 96.)

Comme Espagnol, il se persuade, par tels moyens extraordinaires, de *racoiser* toutes choses en un clin d'œil (Estienne Pasquier, t. II, p. 117.

simple *enchérir* est la forme régulière et grammaticale, la forme composée *renchérir* est la forme populaire.

En effet, se servir de *renchérir* pour signifier *enchérir*, c'est parler comme s'exprime le peuple, qui a pour habitude d'ajouter au simple de certains verbes la particule *re* sans qu'il y ait réduplication ou augmentation; au contraire, employer *enchérir* avec sa forme simple pour signifier devenir plus cher, c'est parler comme l'enseigne la grammaire, qui n'autorise l'usage du préfixe *re* qu'autant qu'il dénote réitération ou augmentation.

La même observation peut s'appliquer aux mots *enfermer* et *renfermer* et aux autres mots à double forme que nous venons d'indiquer.

Dans le Dictionnaire de l'Académie française (édition de 1835), au mot *raccrocher* et parmi les exemples de l'emploi de ce verbe, on lit ce qui suit : « *Se raccrocher à une chose,* la saisir, s'en aider pour se sauver d'un danger, pour se tirer d'un embarras. *Il était noyé, s'il ne s'était raccroché à cette branche. Dans le danger on se raccroche à tout ce qu'on trouve sous la main.* »

Le même Dictionnaire, au mot *accrocher*, indique que ce verbe s'emploie aussi avec le pronom personnel et signifie s'attacher, s'arrêter à quelque chose que ce soit, et le Dictionnaire donne entre autres exemples celui-ci : *Quand on se noie on s'accroche où l'on peut.*

Il résulte de cet exemple que l'Académie permet d'employer dans les phrases que nous venons de citer aussi bien le simple *accrocher* que le composé *raccrocher*. Seulement le Dictionnaire aurait dû indiquer que l'emploi du verbe *raccrocher* dans ce sens est bas et populaire.

Le Dictionnaire de Trévoux (édition de 1771, v° *raccrocher*), faisait le reproche à l'Encyclopédie d'avoir dit « qu'on se *raccroche* à tout ce qu'on trouve sous sa « main, quand on se noie, ou qu'on est dans la mi- « sère. Il fallait dire qu'on s'*accroche* à tout ; car se *rac-* « *crocher* signifie s'*accrocher de nouveau.* »

Il est certain que si la forme *composée* peut être employée dans le même sens que la forme *simple*, c'est ne tenir aucun compte de la valeur propre du mot ni des éléments dont il est formé. Si vous attribuez à *épandre* la même signification qu'à *répandre*, c'est évidemment méconnaître la différence essentielle qui existe entre ces deux verbes, c'est oublier le rôle que joue dans la composition du verbe la particule réduplicative. Ce raisonnement est sans doute vrai au point de vue de la grammaire, mais il s'agit pour nous plutôt de constater un fait que de critiquer les conséquences qui en ont été la suite. Or, le fait important que nous tenons à mettre en lumière ici, c'est que, dans les verbes à forme double que nous venons de citer, la forme *composée*, c'est-à-dire la forme *populaire* et la forme *simple*, c'est-à-dire la forme *grammaticale*, se confondent et peuvent être indifféremment employées l'une pour l'autre.

Les extraits suivants des diverses éditions du Dictionnaire de l'Académie française vont servir de preuve à notre assertion :

« RENCHÉRIR. — Il se conjugue comme *enchérir* et il a les

mêmes significations tant au propre qu'au figuré. » Toutes les éditions du Dictionnaire renferment cette remarque.

« RÉVEILLER, *v. act.* — Il signifie la même chose qu'*éveiller*, tant dans le propre que dans le figuré. »
(*Dict. de l'Ac. fr.*, 1re *éd.* 1694, 2e *éd.* 1718, 3e *éd.* 1740, 4e *éd.* 1762, 5e *éd.* 1792.)

« RACCOURCIR, *v. act.* — Il a la même signification qu'*accourcir*. »
(*Dict. de l'Ac. fr.*, 1re *éd.* 1694, vo *court.*)

« RAPETISSER. — Il a la même signification qu'*appetisser*. »
(*Dict. de l'Ac. fr.*, 1re *éd.* 1694, vo *petit.*)

Pour les verbes *embourrer* et *rembourrer*, le Dictionnaire se sert de la même définition et dit qu'ils signifient « garnir de bourre, de crin, de laine; » mais au mot *embourrer*, il ajoute qu'on dit plus communément *rembourrer*.

« REMPLIR, emplir de nouveau. — Il se prend plus ordinairement dans la signification d'*emplir*, rendre plein.—Remplir la cave de vin, un grenier de blé, — remplir un vase, — remplir ses coffres d'or et d'argent,—remplir un fossé,—remplir une fondrière. » Cette remarque et les exemples qui la suivent se trouvent dans toutes les éditions du Dictionnaire.
(*Dict. de l'Ac. fr.*, *éd.* 1835.)

« RETORDRE, *v. act.*—Tordre de nouveau. *Tordre et retordre du linge mouillé.*—Il signifie aussi simplement *tordre*, et en ce sens il ne se dit guère qu'en parlant du fil ou de la ficelle, quand on tord deux ou trois brins ensemble. *Retordre des fils de chanvre, de soie,* etc. »
(*Dict. de l'Ac. fr.*, *éd.* 1835.)

« ALLONGE, *s. f.* — Ce qu'on ajoute à un vêtement, à un meuble pour l'allonger. *Mettre une allonge à une jupe. Une allonge* de table. On dit aujourd'hui plus ordinairement *rallonge.* »
(*Dict. de l'Ac. fr.*, *éd.* 1835.)

« RALLONGER, *v. act.* — Rendre une chose plus longue. — Il

signifie quelquefois simplement *allonger. Rallonger ces étrivières, ces étriers.* »

(*Dict. de l'Ac. fr.*, *éd.* 1835.)

« RENFERMER, *v. act.* — Enfermer de nouveau. — Il signifie encore simplement *enfermer. C'est un fou qu'il faudrait renfermer. En Orient, on renferme les femmes.* On l'emploie aussi avec le pronom personnel. *Il se renferma dans sa maison. Je me renferme souvent dans mon cabinet.* »

(*Dict. de l'Ac. fr.*, *éd.* 1835.)

Nous plaçons en regard les mots suivants du dictionnaire, afin de les comparer plus facilement :

« EMOULEUR, *s. m.* Celui qui fait le métier d'émoudre, d'aiguiser les couteaux, les ciseaux et autres instruments tranchants. *Portez ces couteaux à l'émouleur.* »

« REMOULEUR, *s. m.* Celui qui émoud les couteaux, les ciseaux, etc. On dit autrement. *Gagne-petit.*

« ADOUCIR, *v. a. La pluie adoucit le temps*, elle le rend moins froid.—Il s'emploie avec le pronom personnel et signifie *devenir plus doux.* — *Le temps commence à s'adoucir.* »

« RADOUCIR, *v. a.* Rendre plus doux. *La pluie a radouci le temps.* — Il s'emploie avec le pronom personnel au propre et au figuré. *Le temps s'est bien radouci depuis peu.* »

« ABONNIR. *v. a.* Rendre bon, rendre meilleur. Les caves fraîches abonnissent le vin. — Il est aussi neutre, et signifie devenir meilleur. *C'est un vieux pécheur, il n'abonnit point en vieillissant.* Ce sens est familier. — Il est encore pronominal. *Ce vin s'abonnira dans la cave avec le temps.* Cet emploi et le précédent vieillissent. »

« RABONNIR, *v. a.* Rendre meilleur... *Les bonnes caves rabonnissent le vin.* — Il s'emploie aussi comme verbe neutre, et signifie devenir meilleur. *Le vin rabonnit en bouteille.* Ce sens vieillit. »

« AMOLLIR, *v. a.* Rendre mou et maniable. *La chaleur amollit la cire. Mettre du cuir dans l'eau pour l'amollir....* — Il s'emploie avec le pronom personnel et signifie devenir mou. *La terre commence à s'amollir.* »

« RAMOLLIR, *v. a.* Amollir, rendre mou et maniable. *La chaleur ramollit la cire. Les pluies ramollissent la terre. Ramollir du cuir, du parchemin.*—Il s'emploie aussi avec le pronom personnel, *La cire se ramollit dès qu'on l'approche du feu.* »

« Assoter, *v. a.* Infatuer d'une passion, rendre sottement amoureux. *Il s'est laissé assoter de cette fille... Il est bien assoté de son fils.* »

« Rassoter, *v. a.* Faire devenir sot, infatuer, entêter. *On l'a rassoté de cette fille, il va l'épouser.... Voilà une mère rassotée de son fils.* »

« Abêtir, *v. a.* Rendre stupide. *Vous abêtissez cet enfant.* — Il est aussi neutre et signifie devenir bête. *Il abêtit tous les jours.* Il est familier. »

« Rabêtir, *v. a.* Rendre bête, stupide. *Vous rabêtissez ce garçon-là à force de le maltraiter.* — Il s'emploie aussi neutralement et signifie devenir bête. *Il rabêtit de jour en jour.* Il est familier dans les deux sens. »

« Élargir, *v. a.* Rendre plus large. *Elargir un habit, une robe, un corset, des souliers. Elargir une chambre, une allée, un parc, un fossé.*

« Rélargir, *v. a.* Rendre plus large. *Il est obligé de faire rélargir tous ses habits. On va rélargir cette rue.* »

« Étrécir, *v.a.* Rendre étroit, rendre plus étroit. *Étrécir un chemin, une rue. Il a fait étrécir son habit... Étrécir,* avec le pronom personnel, signifie devenir plus étroit. *Cette toile s'étrécira au blanchissage. Le cuir s'étrécit à la pluie, au feu. Dans cet endroit, le lit de la rivière, le chemin va en s'étrécissant.* »

« Rétrécir, *v. a.* Rendre plus étroit, moins large. *Rétrécir un chemin, une rue... Il a fait rétrécir ses habits.* Il est quelquefois neutre, et signifie, devenir plus étroit. *Cette toile se rétrécit au blanchissage. Cette rue va en rétrécissant.* Il s'emploie dans le même sens avec le pronom personnel. *Cette toile se rétrécira au blanchissage. Le cuir se rétrécit à la pluie, au feu. Le canal de la rivière va en se rétrécissant.* »

« Luire, *v. a.* Éclairer, jeter, répandre la lumière. — Luire se dit aussi des corps qui réfléchissent la lumière. *Je vois luire dans ce sable quelque chose qui ressemble à de l'or. Tout luit dans cette maison, tout y est net et poli.* »

« Reluire, *v. a.* Briller, luire en réfléchissant la lumière. *Les diamants, les pierreries reluisent. Toutes les surfaces extrêmement polies reluisent et renvoient la lumière. Tout est bien frotté dans cette maison, tout y reluit, jusqu'au plancher.* »

« Épandre, *v. a.* Jeter çà et là en plusieurs endroits, éparpiller. Il se dit en parlant des choses liquides et de celles qui peuvent aisément s'amasser ensemble et se séparer comme

« Répandre, *v. a.* Épancher, verser, laisser tomber un liquide. *Répandre de l'eau par terre. Répandre de la sauce sur la nappe.* Par extension : *Répandre du sel, du poivre,*

de l'eau, de la paille, du foin, du fumier, du sable, des pièces d'argent, etc. *Ce fleuve épand ses eaux dans la campagne. Épandre du foin pour le faner. Épandre du fumier dans un champ pour l'engraisser.* »
(*Dict. de l'Ac. fr.*, éd. 1835.

etc. *Répandre du sable sur le carreau d'une salle*, etc. »
(Même édition.)

Par extension, dit le Dictionnaire. Dans quel sens faut-il entendre cette expression ? Elle équivaut à ces termes : *Par suite des envahissements du mauvais langage, du néologisme, du langage populaire sur le langage régulier*. En effet, si le verbe *répandre*, comme l'indique d'une manière si précise la définition du Dictionnaire, ne s'applique qu'à un liquide, on ne peut pas dire sans se servir d'un terme incorrect : *répandre du sel, du poivre, du sable* ; car le sel, le poivre, le sable, ne sont pas des liquides ; or c'est le verbe *épandre* qui seul ici est le terme exact et grammatical. — Mais ce n'est plus une faute aujourd'hui d'user dans ces locutions de *répandre* au lieu d'*épandre*, et l'Académie autorise cet emploi, puisqu'elle reconnaît qu'on dit par extension, *répandre du sel*, etc. — Dans la définition du mot *litière*, l'Académie elle-même a substitué le verbe *répandre* à *épandre*, qui se trouvait dans les éditions primitives du Dictionnaire.

« Litière, *s. f.* Paille ou autre chose semblable qu'on *épand* dans les écuries, dans les étables, sous des chevaux, sous des bœufs, des moutons, etc., afin qu'ils se couchent dessus. »
(*Dict. de l'Ac.*, 1re éd. 1694, 2e éd. 1718, 3e éd. 1740, 4e éd. 1762.)

« Litière, *s. f.* Paille ou autre espèce de fourrage qu'on *répand* dans les écuries, dans les étables, sous des chevaux, des bœufs, des moutons, etc., afin qu'ils se couchent dessus. »
(*Dict. de l'Ac.*, 5e éd. 1798, 6e éd. 1835.)

Ici, l'Académie s'est laissée aller, sans doute à son

insu, aux influences du langage populaire, et elle a écrit, en 1798 et en 1835, conformément aux habitudes de ce langage, *répand* au lieu d'*épand*, qui, dans la définition du dernier mot que nous venons de citer, était évidemment l'expression correcte et académique.

Dans nombre de mots qui appartiennent au vocabulaire des arts et métiers, on rencontre le préfixe populaire *re ;* c'est qu'en effet le peuple, dans la composition des mots qu'il crée pour ses besoins, apporte ses habitudes, ses formes particulières de langage. Nous citerons les mots suivants :

Remplage ou *remplissage* (terme de marchand de vin, de maçonnerie, de charpenterie), *ravalement*, *ravaler* (termes de maçonnerie); *refouillement*, *refouiller* (termes de maçonnerie et de sculpture); *rejointoyer*, (terme de maçonnerie); *renformi*, *renformir* (*ibid.*); *refendre* (terme de charpentier, de couvreur, de menuisier, de paveur, de serrurier); *mur de refend*, (terme de maçonnerie); *bois de refend* (terme de menuiserie); *ressaut* (terme d'architecture); *réchampissage*, *réchampis*, (termes de peintre en bâtiments), *rentrayeur*, *rentraire* (termes de drapier); *relier* (terme de tonnelier); *raccord*, *raccorder*, etc.

Citons encore les mots *rapiécer*, *rapiéceter*. La présence du préfixe *re* ou *r* qui ne remplit aucun office dans la composition de ces verbes, en dénote l'origine populaire. Si le verbe *rapiécer* avait été formé par des savants ou par des grammairiens, on aurait dit plus simplement et plus régulièremeut *apiécer ;* l'addition de la préposition *ad* au substantif *pièce* aurait suffi comme dans *apetisser*, *accourcir*, *accoutumer*, formés à l'aide des mots *petit*, *court*, *coutume*.

Telles sont nos observations sur le préfixe populaire *re*. Nous croyons avoir démontré au moyen des exemples précédents l'influence que, relativement à l'emploi irrégulier de ce préfixe, les habitudes populaires ont exercée sur le langage littéraire et grammatical. Les faits à cet égard nous paraissent de toute évidence. Mais comment expliquer la raison qui détermine le peuple à préférer dans le cas dont il s'agit la forme composée à la forme simple? Sur ce point délicat nous hasarderons cette conjecture : *r* ou *re* est placé au commencement du mot pour lui donner plus de force ; ce *r* y est parasite, adventice, attiré par l'euphonie pour mieux faire saillir la voyelle qui suit. Il est certain que *a* ou *e* seul a besoin d'un moindre effort d'articulation que *ra* ou *re*. Par exemple, dans *rappeler*, la syllabe initiale exige une énergie d'articulation que n'a pas la première syllabe d'*appeler*. Enfin il importe de remarquer que, dans la prononciation des gens du peuple, la consonne *r* placée au commencement d'un mot est toujours fortement articulée. Parlant du roulement que cette consonne est très-propre à marquer, un poëte a dit :

> L'*r* en roulant approche, et tournant à souhait
> Reproduit le bruit sourd du rapide rouet ;
> Elle rend, d'un seul trait, le cours d'une rivière,
> La course d'un torrent, le fracas du tonnerre.

(Piis, *Harmonie imitative*.)

§ II. — Du préfixe *dé*.

Le préfixe latin *de* existe en français sous la forme *dé* et *dés* devant une syllabe commençant par une voyelle.

Dans la composition des mots français, ce préfixe marque éloignement, négation, suppression de l'idée exprimée par le mot simple, comme par exemple dans *de*mander, *dé*faire, *dés*abuser. Il se fait surtout remarquer comme l'opposé du préfixe *en*, par exemple *em*brouiller et *dé*brouiller.—Le préfixe *dé* est aussi augmentatif, amplitif, c'est-à-dire qu'il sert à étendre la signification du mot, à la rendre plus précise, plus déterminée, comme par exemple dans *dé*montrer, *dé*couper, *dé*tremper (1).

Le peuple, dans la composition de beaucoup de mots que le bon usage de la langue réprouve, a fait entrer le préfixe *dé* employé soit dans le sens privatif, soit dans le sens extensif. Voici des exemples de mots populaires dans lesquels *dé* figure avec le sens privatif ; tels sont : *dépiauter* (enlever la peau), *décommander* (contre mander), *décaniller* (s'en aller), *se dépatouiller* (se tirer d'un mauvais pas), *dégaine* (démarche), etc. Voici d'autres exemples dans lesquels le préfixe *dé* est pris dans le sens extensif ; tels sont : *dépenaillé*, *décesser*, etc.

---

(1) Nicot fait la même remarque.

« *De* aussi, dit-il, augmente la signification d'aucunes dictions ausquelles elle est composée comme en *detailler*, *derompre*, *detail denombrement* et semblables lesquelles sont de plus effective signification que *tailler*, *rompre*, *taille*, et *nombrement* et a en soy énergie de *penitus*, *omninò* ou *funditus*, dictions latines, *dehacher*, hacher du tout et en pièces. » (Nicot, *Thrésor de la langue française ancienne et moderne*, 1606, v° *De*.)

L'ancien français avait *guerpir* et *déguerpir ;* ces deux mots étaient employés indistinctement pour signifier abandonner.

Donc lo *gurpissen* sei fedel.

(*La Passion du Christ,* du Xe siècle, dans la *Chrestomathie* de Bartsch, p. 9.)

Pilat cum audid tals raisons,
A lor *gurpis* nostre sennior.

(*Ibid.*, p. 10.)

Et quant m'aurez mortelment *deguerpi,*
Ja n'i croistra vos los ne vos honors.

(*Couci* VII, cité dans Littré, *Dict. de la langue fr.*)

Cil *guerpirent* Richart ki le durent garder
N'aveient nnl espeir ke li deust repasser.
(Roman de Rou, t. I, p. 160, v. 3156.)

.....il par nule raison ne vvelent *devverpir* ceu (ce) où il premiers puyent mettre les mains.

(*Sermons de saint Bernard,* p. 521.)

Nus ne doit estre forbeniz par son don, ne *guerpir* son pais.

(*Li Livres de jostice et de plet,* p. 311.)

Haimon enportent, ne le vourent *guerpir.*

(*Roman de Garin le Loherain,* t. II, p. 88.)

Si li *guerpirent* bien quatre-vingt chevaliers tuit ensemble.

(Villehardouin, CLXXXII, éd. Michaud et Poujoulat, t. Ier, p. 79:)

Guerpir et *déguerpir* ont été en usage jusqu'au XVIIe siècle, mais on a laissé le simple *guerpir* et on a conservé le composé *déguerpir.*

De même nous avons retenu *dérober* pour dire prendre en cachette, et nous avons rejeté *rober*, qui dans la langue primitive signifiait voler, ravir.

Tut aseur fu le païs.
N'i ont chemin frait ne bruisié
Ne home *robé* ne despoillié.

(*Chronique des ducs de Normandie*, t. Ier, p. 522, v. 12778.)

N'i remancit rien a *rober*.

(*Ibid.*, t. III, p.135, v. 35647.)

A cel tans aloient par mer
Les unes gens altres *rober*.

(Roman de Brut, t. Ier, p. 256, v. 5505.)

Cil qui *robe* les yglises, doivent estre pandu.

(*Li Livres de jostice et de plet*, p. 281.)

..... ne ne dic mie qu'il m'ait veu sési de la chose que me met sus que j'é *robée*, par quoi je ne li voil respondre.

(*Ibid.*, p. 293.)

Tout prent, tout *robe*, tout pelice;

(Rutebeuf, t. Ier, p. 314.)

A tart ce clot qui est *robez*.

(Manuscrit 1422, fol. 225. Bibl. imp. f. Sorbonne.)

Dans d'autres verbes il est arrivé, au contraire, que nous avons gardé le simple et abandonné le composé; par exemple, en ancien français, on a dit *dérompre*, pour rompre, détruire, déchirer (du latin *derumpere*), *détrancher* pour trancher, couper, mettre en morceaux, en pièces.

Jo nen ai ost qui bataille li dunne
Ne n'ai tel gent qui la sue *derumpet*.

(*Chanson de Roland*, édit. Muller, II, v. 18.)

(Je n'ai point d'armée qui lui livre bataille, ni n'ai telle gent qui la sienne dérompe, taille en pièces.)

Toute l'eussent *dérompue*
Qui (si l'on) ne lor eust desfendue.

(Rutebeuf, t. II, p. 221.)

On devroit Pilate escorchier
Et tout par pièces *destranchier*.

(*Tragédie de la Vengeance de Jésus-Christ*,, citée par Roquefort, vº *Destrancher*.)

Ains en seront mil home *détrenchies*.

(*Ogier de Danemarche*, t. I, p. 202, v. 4945.)

D'eux *destrencher* ne d'eux oscire.

(*Chronique des ducs de Normandie*, t. Ier, v. 167.)

On a dit aussi : *démarcher*. Dans l'ancien français, ce verbe avait deux sens différents : 1º il signifiait marcher en arrière, reculer ; dans ce sens *dé* était privatif; 2º il se disait pour marcher, bouger : dans ce sens *dé* était augmentatif. Voici des exemples de *démarcher* pris dans ces deux sens:

1º *Démarcher* signifiant marcher en arrière, reculer.

Icellui Nicaise s'avança vers l'exposant pour le ferir du coustel : mais le dit exposant *desmarcha*.

(Lettres de remission de l'année 1375 citées dans Ducange, Vº *Demanere*.)

De fait l'eust tué ou navré villainement, s'il ne se feust *desmarchiez* et trait arrière.

(Lettres de remission de l'année 1401. *Id. Ibid.*)

Comme entre ceulx qui jouent à la paulme, celuy qui soutient, se *desmarche* et s'appreste, selon qu'il veoid remuer celui qui lui jette le coup, et selon la forme du coup.

(Montaigne, *Essais*, liv. III, chap. XIII, édit. Leclerc, t. V, p. 171.)

Desmarcher, pedem referre.

(Nicot, *Thresor de la langue françoise ancienne et moderne,* 1606.)

Dans le Maine on dit encore démarcher pour reculer, marcher en arrière. (*Vocabulaire du haut Maine.*)

2° *Demarcher* signifiant marcher, bouger.

Puis *desmarcha* deux carreaux avant en bonne modestie, et fit d'un pied reverence à la bande adverse.

(Rabelais, *Pantagruel,* liv. V, chap. xxv.)

Cy gist Perrenet le franc archier
Qui cy mourut sans *demarcher.*

(*Ancien Théâtre français,* édit. Jannet, t. II, p. 333.)

..... fut ordonné que quand mademoiselle de Penthevre viendroit.... que ma ditte dame *demarcheroit* trois pas devant elle....

(*Les Honneurs de la Cour,* par la vicomtesse de Furnes, à la suite des *Mémoires sur l'ancienne chevalerie,* par Lacurne de Sainte-Palaye, t. II, p. 193.)

Dans le patois du Berry on se sert encore de *démarcher* pour *marcher.* « Cet enfant commence à démarcher. »

(*Vocabulaire du centre de la France* par le comte Jaubert, v° *Demarcher.*)

En vieux français on trouve *déprier,* correspondant au latin *deprecari,* prier pour nous épargner un mal, implorer.

Et *deproions* al Salvéor
Qu'il nous maintigne et dont vigor
Contre cils qui en Deu ne croient.

(*Roman de Brut,* t. II, p, 15, v. 8721.)

Moi et autrui déussiés *déproier*
Que vers le roi vos alast apaisier.

(*Ogier de Danemarche,* t. I, p. 182, v. 4431.)

Moult (il) *déproia* l'emperéor
Que renard (il) li doinst par amor.
(*Roman du Renart*, édit. Méon, t. II, p. 205, v. 15145.)

Le suppliant se feust trait par devers ledit curé..... en lui *dépriant* que de ors-en-avant se voulsist déporter de plus aler ne frequenter avecque elle.

(*Lettres de remission de l'année* 1398, citées par Ducange, V° *Deprecari.*)

Les aucunes *déprierent* au suppliant qu'il leur voulsist donner des pommes.....

(*Lettres de rémission de l'année* 1412; *ibid.*)

Je prie la benoiste Marie
Qu'elle veuille son fils *déprier*.
(*Ancien Théâtre français*, t. III, p. 405.)

Déprier, fort prier aucun et luy faire requeste, *deprecari*.

(Nicot, *Thresor de la langue françoise ancienne et moderne*, édit. de 1606.)

Montaigne a employé *déprier* comme opposé de *prier*.

Il (Midas) requit les dieux que tout ce qu'il toucheroit se convertist en or : sa prière feut exaucée; son vin fut or, son pain or et la plume de sa couche, et d'or sa chemise et son vestement; de façon qu'il en tomba accablé soubs la jouissance de son desir, et estrené d'une insupportable commodité : il luy falut *desprier* ses prieres.

(Montaigne, *Essais*, liv. II, chap. XII; édit. Leclerc, t. III, p. 278 et 279.)

Bussy a dit dans le même sens :

Je vais contremander le souper et *déprier* nos gens.
(*Le François à Londres*, comédie, sc. VI.)

Les exemples qui se rattachent aux verbes *déguerpir*, *dérober*, et aux autres mots précédemment cités, tendent à établir que le préfixe *dé* est ici augmentatif, et même que ce préfixe, sans modifier le sens du mot simple, y est quelquefois ajouté pour donner seulement à ce mot plus de consistance et plus d'énergie. Le préfixe *dé* ainsi employé pour renforcer le mot est une forme populaire que l'on rencontre dans diverses expressions qui appartiennent au langage du peuple.

Ainsi, les gens du peuple disent : *décesser* pour *cesser*. Ce mot ne s'emploie populairement qu'avec la négation : « il ne *décesse* de parler ; cet enfant n'a pas *décessé* de crier. « Les lexicographes s'accordent à rejeter ce mot comme une expression vicieuse qui doit être exclue du bon usage de la langue. « *Décesser*, dit Boiste, employé pour *cesser*, signifie tout le contraire de ce qu'on lui fait dire, le *de* étant un privatif. » Boiste est dans l'erreur, le préfixe *dé* est ici augmentatif et non pas privatif. Ce préfixe a le même caractère, joue le même rôle que le préfixe *dé* placé devant les mots : *dérompre*, *déguerpir*, *démarcher*, *déprier*, dont nous avons précédemment tracé l'historique. Cette addition du préfixe n'est faite que pour donner au mot plus de force ; elle n'a pas d'autre valeur dans la composition du mot. Au reste ce mode de renforcement n'est pas particulier à *décesser*, il se rencontre également dans les autres mots que nous venons de citer. Sans doute *décesser* n'est pas utile puisque nous avons le verbe simple *cesser*. Tenons-nous-en à ce verbe qui est le seul que la grammaire autorise ; mais en soi le mot *décesser* est-il aussi barbare, aussi ridicule qu'on veut bien le dire ? En examinant la question au point de vue de la formation du mot, de sa composition, on arrive à trouver cette censure trop rigoureuse. En effet, *décesser* est un mot populaire, formé suivant les habitudes du peuple, qui quelquefois ajoute à certains mots un préfixe parasite. C'est ce qui est arrivé pour le mot dont il s'agit. Nous avons vu des exemples de ces additions populaires en traitant du préfixe *re*. Dans la phrase populaire *il ne décesse de parler*, le préfixe *dé* du verbe DÉ*cesser* est parasite de même que le préfixe *re* est parasite, par exemple, dans le mot *resserre* employé populairement pour *serre*.

De même dans les mots *dégoutter* (couler goutte à goutte) et *département* (pris autrefois pour départ) le préfixe *dé* n'ajoutait rien au sens de ces mots dont la forme primitive était *goutter* et *partement*.

Le mot bas latin *guttare*, employé pour *stillare* est traduit par *goutter* dans une ancienne glose citée par Ducange, v° *Guttare*.

> Les deux testes tranchées.....
> Dont *goutte* encor le sang noir et hideux.

(Des Masures, *traduction de l'Enéide*, p. 466, dans Raynouard, *Lexique roman*, t. III, p. 486). *Goutter* pour *degoutter* se dit encore dans le patois du Berry. (*Glossaire du centre de la France*, par le comte Jaubert.)

> . . . . Le *partement*
> Convient faire lors bien hastivement.

(Christine de Pisan, *Le dit de Poissy*.)

Au XVe siècle et au XVIe, on disait indistinctement *partement* ou *départment* pour départ.

Et comment se peut-il faire, dist le mary, vous n'estiez pas grosse à mon *partement*.

(*Les Cent nouvelles nouvelles*, nouv. XIX.)

Après le *département* du roi de France et de son ost du mont de Sangaltes.

(Froissart, liv. I, 1re part., chap. 320.)

.... Il suffit de l'accompagner à son *partement*.

(Montaigne, *Essais*, liv. I, chap. XIII.)

Il y envoya encores un aultre, et se renfonçant dans le lict, se remeit encore à sommeiller jusques à ce que ce dernier l'asseura de leur *partement*.

(*Id.*, liv. I, chap. VII.)

A son *département*, l'empereur luy fit dons grands et excessifs.

(Rabelais, *Pantagruel*, liv. III, chap. XIX.)

Au XVIe siècle, le mot *partement* était encore en usage.

« *Partement*, départ, *hæc profectio*, *onis*. »

(Monet, *Inventaire des deux langues françoise et latine*, 1635.)

« Vous saurez donc, madame, que depuis mercredi dernier qui fut le jour de vostre *partement*, je ne mange plus, je ne parle plus et je ne vois plus. »

(*Œuvres de Voiture*, 1650, in-4°, p. 351. Lettre à Mademoiselle de Rambouillet.)

Mais le mot *département* avait cessé d'être employé comme synonyme de départ.

Le mot populaire *dépenaillé* est aussi précédé du préfixe *dé*. Ce préfixe y est parasite et n'a aucune influence sur le sens.

Scheler (*Dictionnaire d'étymologie française*) propose pour ce mot deux étymologies. « Ou ce terme, dit-il, s'appliquait d'abord aux oiseaux dans le sens de *déplumé*, ou plutôt qui a le plumage en désordre (bas latin, *depennare*, déplumer) et vient du mot *penne*, latin, *penna* —plume ; ou bien c'est un dérivé du vieux français *dé-*

pané, déchiré, en haillons (bas latin, *depanare*, —*delacerare*) qui a pour primitif le latin *pannus*, pan. » Pour notre compte, nous préférons cette dernière étymologie qui est aussi celle que M. Littré indique en ces termes dans son *Dictionnaire de la langue française* : « *Dé* préfixe, est un dérivé (*penaille*) de l'ancien français *pene* ou *pane*, drap, étoffe. L'ancien français disait *despené*, *despané*, mis en lambeaux. La finale *aille*, *ailler* est presque toujours péjorative. »

A cette étymologie se rattache le mot *penaillon*, qui, comme on sait, signifie haillon.

Oitante (quatre-vingt) homme vinrent de Sichen et de Sylo et Samaire, à reseies (rasée) barbes et a *dépaneies* vesture...
(*Livre de Job*, p. 445, à la suite des *quatre Livres des Rois*.)

Quant voit son mantel gris dont ele ert afublée,
Et sa cote qui ert en maint lieu *despanée*.
(*Li Romans de Berte aus grans piés*, st. XLVI, p. 68.)

La pauvre terre a découvert
Fit voit sa carcasse moillée
Et sa robbe *dépenaillée*
A ses pauvres gens tous mouillez
Et comme elle *depenaillez*.
(*L'Ovide en belle humeur de Mr Dassoucy*, *le Déluge*, fable VIII, édit. de 1550, in-4°, p. 78.)

Notons encore le mot populaire *déguenillé*. Dans ce mot, formé du préfixe *dé* et du substantif *guenille*, le préfixe n'a aucune valeur et n'influe pas sur le sens. *Dé* est ici un préfixe parasite, une forme populaire ajoutée au mot pour le renforcer. Parlant du mot *déguenillé*, Scheler (*Dictionnaire d'étymologie français*), s'exprime en ces termes : « Déguenillé, de *guenille* ;

littéralement tombé en guenille. La composition n'est pas heureuse, puisqu'elle exprimerait tout aussi bien l'opposé, c'est-à-dire, privé de ses guenilles. » Sans doute, cette critique serait fondée si, dans ce mot, le préfixe *dé* était privatif comme paraît l'admettre le savant étymologiste belge; mais c'est une erreur : le préfixe *dé* a ici le même caractère, joue le même rôle que le préfixe *dé* placé devant les mots populaires *dé*cesser, *dé*penaillé. C'est, répétons-le, un préfixe parasite, un renforcement du genre de ceux dont le peuple, suivant les habitudes et les tendances de son langage, use à l'égard de certains mots.

Les divers exemples qui précèdent témoignent suffisamment de l'influence que le préfixe populaire *dé* a exercée sur un assez grand nombre de mots de la langue régulière et grammaticale.

Passons à l'examen du préfixe *dés*.

Nous avons en français les verbes *débarquer* et *désembarquer*, composés tous deux du verbe simple *embarquer*. Seulement dans le verbe composé *débarquer* on a supprimé la première syllabe *em* d'EM*barquer*, tandis que dans *désembarquer* on a laissé subsister cette syllabe *em*. *Débarquer* et *désembarquer* sont deux formes du même verbe ; mais entre ces deux formes quelle est la différence ? *Débarquer* est la forme primitive et populaire, *désembarquer* est la forme savante. Comme régularité de forme *désembarquer* vaut mieux que *débarquer*, la première forme, *désembarquer*, reproduisant la totalité du verbe simple *embarquer;* mais le peuple, qui préfère le plus souvent la brièveté du langage à la symétrie des formes grammaticales, a supprimé la syllabe *em* du simple EM*barquer* et a dit par contraction *débarquer*. Ainsi *débarquer* est la forme ancienne. Ce n'est guère que vers le XVIe siècle, que sous l'influence des savants la forme *désembarquer* a été introduite. Au commencement du XVIIe siècle on employait indistinctement *débarquer* et *désembarquer*. « Tous deux sont bons, disait Vaugelas (*Remarques*, 461), mais *débarquer* est plus doux et plus en usage. »

Vers la fin du XVIIe siècle, *désembarquer* pour signifier *débarquer* était tombé en désuétude; *désembarquer* ne se disait qu'en parlant de marchandises qu'on est obligé d'ôter d'un navire avant le départ ou l'arrivée au lieu de destination. C'est avec ce sens spécial que *désembarquer* figure dans les diverses éditions du Dictionnaire de l'Académie française.

Ce que nous venons de dire de la double forme *débarquer* et *désembarquer* s'applique également aux doubles formes *déballer* et *désemballer*, *débourber* et *désembourber*. Ainsi *déballer* et *débourber* sont des formes populaires, *désemballer* et *désembourber* des formes savantes.

Monet (*Inventaire des deux langues françoise et latine*, 1636), indique sans distinction les deux formes *déballer* et *désemballer*.

Furetière (*Dictionnaire universel*, 1690) et le Dictionnaire de Trévoux enregistrent *déballer* ou *désemballer*.

Mais le Dictionnaire de l'Académie française, qui, à partir seulement de la deuxième édition, donne les deux mots *déballer* et *désemballer*, en distingue le sens: *Déballer*, c'est défaire une balle, en ôter le contenu; *désemballer*, c'est ôter d'un ballot d'envoi ce qui y était enfermé.

Monet (*Inventaire des deux langues française et latine*, 1636) mentionne *débourber* et n'insère pas *désembourber*.

L'Académie française, dans la première édition de son Dictionnaire (1694), donne *débourber* et *désembourber*. Elle définit *débourber*, ôter la bourbe, et *desembourber*, tirer hors de la bourbe. Les éditions suivantes du Dictionnaire (de 1718 à 1798) reproduisent la même définition de ces mots et admettent entre eux la même distinction de sens; mais dans l'édition de 1835 on voit que l'Académie, tout en conservant à l'égard des mots qui nous occupent, les définitions et distinctions précédentes de son Dictionnaire, reconnaît que *debourber* a aussi le sens de *désembourber*. C'est ce qu'il est facile de démontrer en plaçant en regard un extrait des articles que contient sur ces deux verbes l'édition de 1835 du Dictionnaire :

DÉBOURBER, v. a., ôter la bourbe, *Débourber un bassin d'eau. Débourber un fossé. Débourber un étang. Débourber une voiture*, la tirer de la bourbe...	DÉSEMBOURBER, v. a., tirer hors de la bourbe. *Il faut désembourber cette voiture, cette charrette...*

De même les verbes suivants ont été formés populairement et directement avec suppression de la syllabe *en* ou *em* du verbe simple ; tels sont :

*Dé*gager	qui a pour simple	*en*gager.
*Dé*pêtrer	—	*em*pêtrer.
*Dé*terrer	—	*en*terrer.
*Dé*combrer	—	*en*combrer, etc.

Mais à diverses époques de la langue, les savants, sans doute dans le but de régulariser l'orthographe, ont cherché à modifier la forme de ces verbes en y introduisant les syllabes *en* ou *em* du verbe simple.

Ainsi au XVIe siècle on voit figurer simultanément *dégager* et *désengager*. Montaigne emploie ces deux verbes, mais plus fréquemment *désengager*.

C'est plaisir d'estre désintéressé des affaires d'aultruy et *desgagé* de leur gariment (garantie).

(Montaigne, *Essais*, liv. III, chap. III, édit. Leclerc, t. IV, p. 199.)

Mes amis m'importunent estrangement quand ils me requierent de requerir un tiers : et ne me semble guere moins de coust, *desengager* celuy qui me doibt, usant de luy, que m'engager envers celuy qui ne me doibt rien.

(*Id. ibid.*, liv. III, chap. IX, t. IV, p. 503.)

Socrate..... plaignoit l'argent de ses amis à *desengager* sa vie.

(*Id. ibid.*, t. IV, p. 511.

N'est-ce pas quelque advantage de se trouver *desengagé* de la necessité qui bride les autres?

(*Id. ibid.*, liv. II, chap. t. III, p. 131.)

D'Aubigné écrit indistinctement *dégager* et *désengager*.

.... Eux et luy se voians à dos des trouppes si gaillardes, la ville de Dormans et la rivière de Marne en teste et (qui estoit le pis), son infanterie qui ne se pouvoit plus *desgager* sans combat, il s'y resout.

(D'Aubigné, *Histoires*, liv. II, chap. XVII, édit. de 1618, t. II, p. 181.)

Si le maistre de ceux qui estoient là eust esté *desengagé*, la besongne estoit faite.

(*Id. ibid.*, liv. II, chap. vi, t. II, p. 119.)

Au lieu du verbe *dépêtrer* fort en usage au XVIe siècle, on rencontre quelquefois *désempêtrer*.

Ainsi Hanibal s'estant à la fin *despestré* de Marcellus et ayant son armée délivre, alla bruslant, gastant et destruisant l'Italie de tous costez sans craindre plus rien.

(Amyot, *Hommes illustres*, Marcellus, 44.)

.... Estans bien aises quand ils se pouvoient *despestrer* de leurs autres affaires de s'y en aller.

(*Id. Ibid.*, Lucullus, 83.)

Puisque Dieu nous donne loisir de disposer de nostre deslogement, preparons-nous-y; plions bagage; prenons de bonne heure congé de la compagnie; *despestrons*-nous de ces violentes prinses qui nous engagent allieurs et esloignent de nous.

(Montaigne, *Essais*, liv. I, chap. xxxviii.)

Quand je considère la grandeur incomparable de cette âme (de Cesar), j'excuse la victoire de ne s'estre peu *despestrer* de luy, voire en ceste très-injuste et très-inique cause.

(*Id. ibid.*, liv. II, chap. xxxiii.)

Je me promets que vostre precieux soin sera de *desempestrer* votre diocèse de l'ignorance de tant de prestres volans et sans tiltres.

(*Lettres de Nicolas Pasquier*, liv. VII, lettre iv, à la suite des œuvres d'Estienne Pasquier, édit. de 1723, t. II, p. 1291.)

Dans l'ancien français on trouve *déterrer* et *désenterrer*.

Puis *desterrent* les mors de la gent de Persie.

(*Chanson d'Antioche*, IV, 460, citée par Littré, *Dictionnaire de la langue française*.)

Or oiez des barons que Dieu a tant amés,
Qui en la cité furent dont li murs est pavés ;
Les portes *desterrerent* à grans pels acerés.

(*Ibid.*, VI, 843.)

Bertrand, ravy de les avoir *déterrez,* fit aussitôt tout préparer pour le combat.

(*Anciens mémoires du XIVe siècle sur Bertrand Duguesclin,* dans la collection Michaud et Poujoulat, t. I, p. 466.)

Ung homme en peut estre accusé (d'heresie) après sa mort... et s'il advient qu'il soit convaincu et actaint de heresie, il doit estre *désenterré* et ses os mis dans ung sac.

(Monstrelet, liv. I, chap. 39.)

Au XIIIe siècle on se servait indistinctement de *décombrer* et *désencombrer*. On rencontre ces deux formes dans la page suivante des Assises de Jérusalem.

Et puis que voz l'auez encombre sans esgard et sanz conoissance de court, vos le devés *descombrer*, si viaus (donc) por totes les raisons que je ais dites ou por aucunes d'elles, que vos me respondés et le dit fié (fief) me *descombrés* et me metés en la saisine... Et il me semble que après ces dis la court deit esgarder qu'il ne deit demorer, por chose que le seignor ait ditte, que il ne responde dou dit fié au requerant, et que il ne le *désencombre*, puisqu'il l'a encombré sans destrece d'esgart ni de conoissance de court...

(*Assises de Jérusalem,* édit. Beugnot, t. I, p. 251.)

Faire netoyer, curer et *descombrer* les rivières de Sarte et Yaigne.

(*Ordonnance* de septembre 1488.)

Descombrer, désencombrer, décombrer, déblaier, expedio, ivi, itum, ire, explico, avi, atum, are. *Décombrer* une place, un sol, pour y bastir, aream impedimentis explicare, expedire ad ædificationem.

(Monet, *Inventaire des deux langues françoise et latine*, 1636.)

Décombrer figure seul dans le Dictionnaire de l'Académie française.

Nous possédons *emprisonner* et *entasser ;* mais nous n'avons pas de mots correspondants lorsque nous voulons exprimer l'idée contraire à celle que renferment ces deux verbes ; il faut nécessairement avoir recours à une périphrase. L'ancien français avait une double forme pour dire *tirer de prison*, la forme populaire *déprisonner* et la forme savante *désemprisonner*. De même la vieille langue avait une double forme pour dire *défaire un tas*, la forme populaire *détasser* et la forme savante *désentasser*.

Quand si le veut *desprisonner*
Et nous traïr par sermonner.
(*Roman de la Rose*, édit. Méon, t. III, p. 52, v. 15264.)

Il n'a garde de yssir (sortir) dont il est...
Se vous le voulez *desprisonner*, je m'en rapporte à vous ?
(*Les Cent nouvelles nouvelles, Nouv.* XXVII.)

Si fut *desemprisonné* parmi ce convent (à cette condition) et s'en vint aux barrières de la ville.
(Froissart, liv. I, 1re part., chap. 234.)

(La volaille) descharge sa colère sur le plus précieux des jardinages, quand elle y peut atteindre et a moyen de se *désemprisonner* du poulailler.
(Olivier de Serres, *Théâtre d'agriculture*, t. II, p. 8 et 9.)

Et quant Engloiz virent lever le feu contremont, si furent moult dolens et commencerent à *destasser* le foing pour destaindre le dit feu qui moult les effrayoit.
(Ménard, *Histoire de Duguesclin*, p. 503.)

Lors l'on *désentasse* les pommes, les fruicts, les portans

sous la meule tournante pour y estre escachés à la mode de l'huile.

(Olivier de Serres, *Théâtre d'agriculture*, édit. de l'an XII (1804), t. I, p. 309.)

Au XVIe siècle on écrivait *désembarrasser* au lieu de *débarrasser*. La forme savante *désembarrasser* était à cette époque la seule admise dans le bon usage de la langue.

« Mais finalement après que vous luy eustes conseillé en ami de se *désembarrasser* de ses mauvaises affaires, les quelles, comme vous le sçaviez très-bien, iroient toujours en empirant... il vous bailla des articles et conditions sur les quelles ayant longtemps contesté, vous tombastes enfin d'accord. »

(Sully, *Œconomies royales*, t. I, chap. XLV, édit. de 1664, p. 184.)

« Attendez tant soit peu, vous le verrez (le soleil) *désembarrassé* de ce nuage et luire aussi clair et net qu'il était auparavant. »

(Malherbe, *Traité des bénéfices de Sénèque*, liv. V, chap. VI.)

Un esprit sans corps et *désembarrassé* de la matière n'agiroit pas d'une autre façon, et ne seroit pas moins incommodé de ses passions.

(Balzac, *Dissertations politiques*, *Le Romain*, dissertation I.)

Assurez vous donc que sitost que je serai *désembarrassé* des visites importunes qu'il faut que je fasse, et que je receoive, je ne perderai pas un moment... »

(*Id. Lettres*, liv. VII, lettre 14.)

« Son œil m'a répondu de sa pudicité,
Mais dedans son cristal mon aiguille enfoncée,
Attirant ses deux mains, m'a *désembarrassée*. »

(Pierre Corneille, *Clitandre*, tragi-comédie, acte IV, sc. I; édit. de 1632 (1).

(1) Dans l'édition de 1660, Corneille a supprimé ces vers et tout le morceau auquel ils appartenaient.

Vers le milieu du XVIIe siècle on employait indistinctement *désembarrasser* ou *débarrasser*.

Nathanaël Duez, dans son *Dictionnaire italien-français* (2e partie, Leyde, 1659) indique *desbarrasser* ou *désembarrasser* et traduit ces mots par sgombrare et distrigare.

... Elle (notre langue) aime particulièrement la netteté, et à exprimer les choses, autant qu'il se peut, dans l'ordre le plus *désembarrassé*, quoiqu'en même temps elle ne cède à aucune en beauté ni en élégance. »

(*Grammaire générale et raisonnée* (dite de Port-Royal) chap. XXIV, édit. de 1660.)

« Et toi fameux héros dont la sage entremise
De ce schisme naissant *débarrassa* l'Eglise. »

(Boileau, *Le Lutrin*, chant 1er.)

Furetière (*Dictionnaire universel*, 1690), donne *débarrasser* ou *désembarrasser*. L'Académie, dans la première édition de son Dictionnaire (1694), indique aussi ces deux mots, mais en faisant observer que *débarrasser* est plus usité.

«*Désembarrasser* ou *desbarrasser*, v. a. Le dernier est plus en usage. Oster l'embarras, oster d'embarras. *Désembarrasser les chemins. Desbarrasser les rues. Il ne sçait comment se desbarrasser de ses créanciers. Il est desbarrassé de quantité d'importuns. Me voilà desbarrassé de tout ce qui m'incommodoit, il estoit accablé d'affaires, mais le voilà desbarrassé. Il a bien desbarrassé ses affaires depuis peu. Sa teste commence à se désembarrasser.* »

(*Dict. de l'Acad. franç.*, 1re édit. 1694.)

La seconde et la troisième édition du même Dictionnaire (1718 et 1740) indiquent encore *désembarrasser* et reproduisent les exemples précédents à l'exception du dernier dans lequel le mot *débarrassé* est substitué au mot *désembarrassé*.

« *Desbarrasser* ou *désembarrasser*, v. a.; le premier est le plus en usage. Oster l'embarras, oster d'embarras. Il se dit au propre et au figuré. *Desbarrasser les rues. Désembarrasser les chemins. Il ne sçait comment se desbarrasser de ses créanciers. Il s'est desbarrassé de quantité d'importuns. Il estoit accablé d'affaires, mais il s'en est desbarrassé. Il a bien desbarrassé ses affaires depuis peu. Sa teste commence à se desbarrasser.* »

(*Dict. de l'Acad. franç.*, 2e édit. 1718, 3e édit. 1740.)

Enfin la quatrième édition (1762) ne mentionnne plus *désembarrasser* et indique seulement *débarrasser*, qui est aussi le seul mot que l'on trouve dans l'édition de 1835.

Ici la forme populaire *débarrasser* a fini par l'emporter sur la forme savante *désembarrasser*, de même que les formes populaires *dégager, dépêtrer, déterrer, décombrer* sont restées dans la langue régulière et grammaticale à l'exclusion des formes savantes *désengager, désempêtrer, désenterrer, désencombrer*, etc.

Comme on le voit, l'influence du langage populaire s'est manifestée d'une manière particulière sur un assez grand nombre de mots commençant par la double syllabe DÉSEN. En effet, c'est par suite de la tendance qui porte les gens du peuple à la concision, à la brièveté du langage, que divers mots de la catégorie ci-dessus indiquée ont perdu la syllabe *en* qu'ils possédaient autrefois. Cette habitude de contracter les mots précédents a passé, par succession de temps, de la langue populaire à la langue régulière et grammaticale.

Il importe de remarquer que si certains verbes tels que *déterrer, dégager* et autres dont nous avons parlé ci-dessus, ont été formés populairement et directement avec suppression de la syllabe *en* ou *em* du verbe simple, il est arrivé aussi que dès les temps anciens de la langue d'autres verbes ont été introduits sous la forme savante, c'est-à-dire en gardant la syllabe *en* ou *em* de leur verbe simple, par exemple *désenivrer* (1) composé du verbe simple *enivrer*, *désemparer* d'*emparer*, *désenchanter* d'*enchanter*, *désennuyer* d'*ennuyer*, *désenrhumer* d'*enrhumer*, *désenrouer* d'*enrouer*, etc. — Plusieurs verbes de forme analogue, tels que *désenflammer* (2), *désenamourer* (3), *désempêcher* (4), *désensei-*

---

(1) On trouve ce mot dans la traduction du *Livre des Rois*, qui date du XIIe siècle : « Va, bonne femme, à tun ostel dormir; si te *desenivrera* le dormir. » (P. 4.)

(2) Jamais ils ne pourront nos cœurs *désenflammer*.

(Desportes, *Œuvres*, édit. de 1583, fol. 59, verso.)

Pour les cœurs chaleureux
Désenflammer par les odeurs encloses.

(Loys le Caron, *Poésies*, fol. 24, 1° dans Pougens, *Archéologie françoise*, t. I, p. 133.)

(3) Mais est-ce un coup bien sûr que votre seigneurie
Soit *désenamourée* ou si c'est raillerie.

(Molière, *le Dépit amoureux*, acte I, sc. IV.)

Enamourer, fort usité jadis, est aussi tombé en désuétude.

Lors dreça (la pucelle) contre mont son doux viaire cler.
Qu'ele ot bel et bien fait pour gent *enamourer*.

(*Roman d'Alexandre* , cité par Ducange, v° *Amoratus*.)

Flore dont le printemps estoit *énamouré*.

(Ronsard, IIe liv. des *Hymnes*, *hymne* III.)

Si advint que l'un des enfants de Neleus, celuy qui avoit plus de crédit et d'authorité en la ville nommée Phrygius, *s'énamoura* de Pieria.

(Amyot, *Œuvres morales de Plutarque*, *Les vertueux faits des femmes*, XX.)

(4) Ce verbe signifiait détruire l'empêchement, débarrasser.

gner (1), *désenseller* (2), *désendormir* (3), *désempoisonner* (4) qui étaient employés autrefois demeurent aujourd'hui hors d'usage.

Lappier, lieutenant général.... tout empeschement mis en ses biens, *desempesche* et met à delivrance.

(*Lettres de remission* de l'année 1389 citées par Ducange, v° *Desembargatus.*)

(Il) prist la visière de sa salade de sa main dreste, et l'arracha et demoura le visage moult fort descouvert et se fit il si pour ce qu'il estoit homme de courte veue et la vouloit *desempescher.*

(*Mémoires d'Olivier de la Marche,* liv. I, page 318, cités dans le *Dictionnaire de la langue française* de Littré.)

(1) On employait ce mot dans le sens de désapprendre, faire oublier.

Pour ce, ne puis faire lie chanson
Qu'amours le me *desenseigne,*
Qui veut que j'aime, et ne veut que je tiengne.

(*Chansons du châtelain de Coucy,* p. 42.)

Ses compagnons enseignent la sagesse, il (Montaigne) *désenseigne* la sottise.

(Mlle De Gournay, *Préface des Essais de Montaigne.*)

(2) Ce verbe a signifié faire perdre la selle, jetter à bas de cheval.

Si rudement le *desenselle*
Le cuer lui part dessoubs l'esselle.

(*Roman d'Athis,* cité par Ducange, v° *Sella,* 2.)

(3) Apollon brusle et s'avance ;
La chienne oit comme il s'eslance,
Froissant des coudres le fort ;
Elle aboye à sa présence
Et la nymphe *desendort.*

(Baïf, *Œuvres,* fol. 28, verso.)

(4) Et tout ainsi qu'il print opinion avoir esté empoisonné, aussi fit-il d'estre *desempoisonné* par le dit syrop.

(Ambroise Paré, *Introduction,* p. 26.)

Sainte-Croix qui ne vouloit point d'une femme aussi méchante que luy,

Parlons maintenant des mots commençant par la double syllabe : DÉSA. Relativement aux mots de cette catégorie, l'influence du langage populaire sur l'orthographe a laissé moins de traces de ses envahissements qu'à l'égard des mots commençant par la double syllabe DÉSEN. En effet, comme nous l'avons dit ci-dessus, dans un assez grand nombre de mots de cette dernière catégorie, les tendances du peuple à user de la contraction ont amené le retranchement de la syllabe intermédiaire *en*, tandis que dans les mots qui commencent par la double syllabe *désa*, la suppression de la syllabe *sa* (*za*), ne se rencontre que plus rarement. Ainsi par exemple les mots : *dés*abuser, *dés*agréer, *dés*agréable, *dés*ajuster, *dés*appointer, *dés*approbation, *dés*approuver, *dés*argenter, *dés*assembler, *dés*assortir, etc., depuis leur introduction dans la langue, y sont restés sans subir aucune modification.

On a dit autrefois *désateler* pour *dételer*.

Le suppliant print à *désateller* les beufs de la ditte charrette et coppa les survieres (lanières) de jonc desdits beufs.

(*Lettres de remission de l'année* 1407, citées par Ducange, v° *Attelatus*.)

Au XVIe siècle on rencontre les deux formes *desteler* et *désateler*.

Desteler les chevaux, *equos interjungere*.

(Robert Estienne, *Dict. franç.-latin*, 1859.)

---

donnoit du contre-poison à ce pauvre mari ; de sorte qu'ayant été ballotté cinq ou six fois de cette sorte, tantost empoisonné, tantost *désempoisonné*, il (le mari de la Brinvilliers) est demeuré en vie et s'offre présentement de venir solliciter pour sa chère moitié. (Mme de Sévigné, IV, 428.)

Il arriva que les chevaux qu'ils n'avoient pas *désatelez*, à premier bruit emportèrent et brisèrent tout.

(D'Aubigné, *Histoire*, III, 92, cité par Littré, *Dict. de la lang. franç.*)

Monet (*Inventaire des deux langues française et latine*, 1639) enregistre : *desteler*, *dételer*, *désateler*.

Le *Dictionnaire de l'Académie française* dans toutes ses éditions (de 1694 à 1835) n'indique que la forme *dételer*.

On se servait dans l'ancien français de *desroi* pour *désarroi*. Du mot *arroi* (1) on avait formé populairement par contraction *desroi* (2); puis, dès le XIVe siècle, on a refait le mot et on l'a introduit sous la forme savante *désarroi* (3), forme que nous avons conservée.

---

(1) Arroi, dit Nicot (*Thrésor de la langue françoise ancienne et moderne*), signifie équipage et aussi ordre, ou plutôt ordonnance militaire.

Je laisse à nos autres historiographes les conquestes, glorieuses victoires et superbes *arrois* de cette seconde famille. (Estienne Pasquier, *Recherches de la France*, liv. V, chap. XXIX.)

Arroi, s. m., train, équipage. *Se mettre en arroi*, *en magnifique arroi*. Il est vieux et ne se dit plus que dans cette phrase familière : *Etre en mauvais arroi*.

(*Dict. de l'Ac. franç.*, 6e édit., 1835.)

(2) S'enfuient tuit à gant desroi.

(*Roman de Rou*, v. 9291.)

Déa ! Jeninot que fais-tu ?
Tu maines un très grand *desroy*.

(*Ancien Théâtre français*, édit. Jannet, t. I, p. 298.)

(3) Dans cest estrange *desarroy*,
Nature, n'y pouvant que faire,
Leur laisse demesler l'affaire.

(*Traité d'alchimie*, p. 138, cité par Littré, *Dict. de la langue franç.*)

Il m'entretient de cette fable : qu'il venoit d'estre rencontré à une demie

Voici sur le sujet qui nous occupe d'autres exemples de mots dont il importe d'examiner l'orthographe.

Citons les mots *dépareiller* et *désappareiller* :

Dépareiller est formé du préfixe *dé* et de *pareiller* (verbe peu usité en ancien français et promptement remplacé par *appareiller*). — *Désappareiller* est formé du préfixe *dés* et du verbe *appareiller*. La langue moderne assigne à *dépareiller* et à *désappareiller* le même sens. Ces deux verbes sont synonymes. La seule différence qui existe entre eux n'est que dans la forme. En effet, *dépareiller* est la forme populaire, et *désappareiller* la forme savante.

La première édition du *Dictionnaire de l'Académie française* (1694) donne seulement *dépareiller*.

« DÉPAREILLER, v. a. De deux choses qui étaient pareilles en oster une. *Je ne veux pas dépareiller ces deux vases. Qui a dépareillé ces gants ?* »

La seconde édition du même Dictionnaire et les éditions suivantes enregistrent *dépareiller* et *désappareiller*. Nous transcrivons en regard les divers articles du Dictionnaire relatifs à ces deux mots :

» DÉPAREILLER, *v. a.* Oter l'une de deux ou de plusieurs choses pareilles. *Je ne veux pas dépareiller ces deux vases. Qui a dépareillé ces*

« DÉSAPPAREILLER, *v. a.* Oter une des deux choses qui étoient pareilles et faire qu'elles ne le soient plus. *Désappareiller des chevaux, des va-*

---

lieue de là par un sien ennemi... et qu'ayant esté surprins en *dessarroy* et plus foible en nombre, il s'estoit jecté à ma porte à sauveté. »

(Montaigne, *Essais*, liv. III, chap. XII ; édit. Leclerc, t. V, p. 116.)

gants? Dépareiller des livres. Il manque un des volumes de cette histoire, elle est dépareillée.

(*Dict. de l'Acad. franç.*, 2e édit. 1718; 3e édit. 1740; 4e édit. 1762.)

« Dépareiller, *v. a.* De deux choses pareilles en ôter une et ne point la remplacer, ou la remplacer par une autre qui n'a pas la forme ou la couleur convenable. D'un plus grand nombre de choses pareilles dont on ôte une ou plusieurs. *Dépareiller une douzaine de mouchoirs. Cette femme avait mis des gants dépareillés; l'un était jaune-pâle et l'autre d'un jaune foncé. Un de ses chevaux vient de périr; son bel équipage est dépareillé. Dépareiller des livres, des ouvrages en perdant des volumes. J'ai tous les volumes de cet ouvrage, mais d'éditions et de formats différents; c'est un exemplaire dépareillé.*

(*Même Dict.*, 6e édit. 1835.)

ses. On dit plus ordinairement *dépareiller* ou *déparier.*

(*Dict. de l'Acad. franç.*, 2e édit. 1718; 3e édit. 1740.)

« Désappareiller, *v. a.* Oter une ou plusieurs choses du nombre de celles qui étaient pareilles et faire qu'elles ne le soient plus. *Désappareiller des chevaux, des vases.* On dit plus ordinairement *dépareiller.* En termes de marine, il signifie le contraire d'*appareiller.*

(*Même Dict.*, 4e édit. 1762.)

« Désappareiller, *v. a.* Oter une ou plusieurs choses d'un certain nombre de choses pareilles dont la réunion forme une sorte d'ensemble d'assortiment. *Désappareiller des attelages de chevaux, des vases.* On dit plus ordinaiaement *dépareiller.*

(*Même Dict.*, 6e édit. 1835.)

Ainsi, dans ces deux verbes, la forme populaire *dépareiller* et la forme savante *désappareiller* demeurent concurrentes. L'Académie autorise indistinctement l'emploi de l'une ou de l'autre forme, tout en reconnaissant que la forme populaire est la plus usitée.

Citons aussi les mots *découpler* et *désaccoupler*.

Découpler est ancien dans notre langue :

> Li braconier les chiens *descoplent*
> Et li brachet au leu s'acoplent,
> Et Ysengrin moult se herice.

(*Roman du Renart,* t. I, p. 47, v. 1221.)

Désaccoupler est une forme savante qui n'a guère été

introduite que vers le XVIe siècle. A cette époque on rencontre *découpler* et *désaccoupler* employés indistinctement l'un pour l'autre.

Désaccoupler, descoupler beufs, boves abjugare, dejugare, disjungere. — *Descoupler les chiens de chasse,* copulam detrahere canibus.

(Jehan Thierry, *Dict. franç.-latin*, 1564.)

De même au XVIIe siècle on se servait indifféremment de ces deux formes de mots.

Guillaume Morel (*Thesorus vocum omnium latinarum*, 1622), traduit le verbe latin *disjungere* par *découpler* ou *désaccoupler* :

« Disjungo, jungis, junxi, junctum, jungere... disjoindre, *découpler*, séparer... Illum jurasset fessos modo disjunxisse juvencos Ovid... que c'estoit un laboureur qui venoit désatteler et *désaccoupler* bœufs de la charrue. »

Monet (*Inventaire des deux langues latine et françoise*, 1636), donne comme synonymes *découpler* et *désaccoupler :*

« *Désaccoupler, découpler,* abjungo, dejungo, disjungo, xi, ctum, gere. *Désaccoupler les bœufs,* boves abjungere, dejungere. Jugo boves eximere. — *Désaccoupler les chiens courans,* venaticos canes abjungere; copula canes eximere, absolvere, exsolvere.... *Désaccouplement :* exemtio ab jugo; exemtio à copula.

« *Découpler des choses accouplées,* abjungo, dejungo, disjungo, xi, tum, gere. *Découpler les bœufs de la charrue :* Boves aratores abjungere, disjungere. Jugo boves abjungere. *Découpler les chiens courans :* Indagatores canes abjungere, Copula canem exire. Copulam canibus demere.... *Découplement de bœufs :* Jugi exemtio. Exemtio à jugo. *Découplement de chiens.* Copulæ detractio. Exemtio copulæ. Solutio ab copulâ... »

Nathanaël Duez (*Dictionnaire italien-françois*, 1660), traduit *discoppiare*, *scoppiare* par *descoupler* ou *désaccoupler*, lâcher les chiens.

Furetière, dans son *Dictionnaire universel* publié en 1690, s'exprime en ces termes :

« *Désaccoupler*, v. a. Détacher des animaux qui étoient attachez ou accouplez ensemble. Il faut *désaccoupler* ces bœufs, les détacher de la charrue. On dit aussi *désaccoupler*, ou plus ordinairement *découpler* les chiens, quand on les lâche après le gibier. »

Désaccoupler ne se trouve pas dans les premières éditions du Dictionnaire de l'Académie française (1694, 1718, 1740) ; on n'y rencontre que *découpler*. Ce n'est qu'à partir de la quatrième édition (1762) que l'on voit figurer, dans ce Dictionnaire, *désaccoupler* en même temps que *découpler*.

Voici en regard les différents articles du Dictionnaire sur ces deux mots :

« DÉCOUPLER, *v. a.* Détacher des chiens couplez. *Il découpla ses chiens. Quand les chiens furent découplez.* —On le met quelquefois absolument. *Découplez vite. Il avoit découplé.* (*Dict. de l'Ac. franç.*, 1re édit. 1694.)

Découpler, *v. a.* Détacher des chiens couplés. Il ne se dit guère qu'en parlant des chiens courants qu'on mène attachés deux à deux. *Découpler des chiens. Dès qu'on fut arrivé au rendez-vous, on découpla les chiens.* On dit aussi absolument et sans régime : *Dès qu'on fut arrivé sur la bruyère, on découpla.* (*Même Dict.*, 2e édit. 1718 ; 3e édit. 1740 ; 4e édit. 1762 ; 5e édit. 1798 ; 6e édit. 1835.)

« DÉSACCOUPLER, *v. a.* Détacher des choses accouplées. *Désaccoupler du linge.*

(*Dict. de l'Acad. franç.*, 4e édit. 1762 et 5e édit. 1798.)

Désaccoupler, *v. a.* Détacher les unes des autres des choses accouplées. *Désaccoupler des chiens. Désaccoupler des draps de lit.* On l'emploi aussi avec le pronom personnel. *Ces chiens se sont désaccouplés.*

(*Même Dict.*, 6e édit. 1835.)

Ainsi *découpler* qui, au XVIIe siècle, se disait indistinctement pour *désaccoupler*, a, sous l'influence des savants du XVIIIe siècle, subi une restriction de sens. En effet, ce mot n'est plus employé au propre que comme terme de vénerie servant à désigner l'action de détacher les chiens couplés. Au contraire *désaccoupler* a conservé un sens général, celui de « détacher les unes des autres des choses accouplées ». *Désaccoupler les chiens ; désaccoupler les bœufs ; désaccoupler des draps de lit.* Mais cette distinction délicate n'est pas observée par les gens du peuple, qui continuent à user seulement de la forme primitive et populaire *découpler*.

Au XVIIe siècle on disait *déchalander* pour *désachalander*.

Deschalander, emptores avertere.
(Nicot, *Thresor de la langue franç. anc. et moderne*, 1606.)

Deschalander, déchalander aucun, luy destourner ses chalands, alicujus emtores avertere, abducere, abalienare.
(Monet, *Inventaire des deux langues françoise et latine*, 1636.)

Deschalander, levare il credito à spaccio, straneggiar gli auventori.
(Nathanaël Duez, *Dict. franç.-italien*, 1659.)

La première édition du Dictionnaire de l'Académie française donne *déchalander* ou *désachalander*. La seconde édition (1718) et la troisième du même dictionnaire (1740) indiquent également ces deux formes. Mais depuis la quatrième édition (1762) *déchalander* ne figure plus dans le Dictionnaire ; on n'y trouve que la forme savante *désachalander*.

On a dit aussi au XVIIe siècle *désagrafer* et *dégrafer*.

Désagrafer, desgrafer, délier, démettre de l'agrafe, hamo eximere. Unco expedire. *Désagrafer* son saye, sagum uncinis expedire. Sagi uncos aperire, resolvere... *desgrafer* un vaisseau de mer agrafé par l'ennemi, hostili harpagone navem expedire, extricare...

Desgrafer, dégrafer, demettre de son agrafe, de ses agrafes, uncinis eximere; uncis expedire. *Degrafer* son saye, sagulum uncis eximere, hamulis expedire... *Degrafer* sa galère de celle de l'ennemi, hostili harpagone triremem expedire, extricare.

(Monet, *Inventaire des deux langues françoise et latine*, 1636.)

Désagraffer ou *desgraffer*, stibbiare, stoccare gli uncielli.
(Nathanaël Duez, *Dict. franç.-italien*, 1639.)

Elle en cornette et *dégrafant* sa jupe.
(La Fontaine, *Contes, la Gageure des trois commères.*)

Degrafez-moy cet atour des dimanches.
(*Id. ibid. La jument du compère Pierre.*)

Desagrafer : uncino expedire, eximere.
(Pajot, *Dict. nouv. franç.-latin*, 1669.)

Le Dictionnaire de Trévoux (édition 1771) emploie *dégrafer* en faisant remarquer que « quelques-uns disent *désagrapher* ».

Toutes les éditions du Dictionnaire de l'Académie française ne donnent que *dégrafer*.

Ainsi, à l'égard de ces deux mots *désachalander* et *dégrafer*, la forme populaire et la forme savante ont été quelque temps en lutte. Dans *désachalander* la forme savante a vaincu la forme populaire; au contraire dans *dégrafer*, la forme populaire a obtenu l'avantage.

L'ancien français avait différents mots commençant par la double syllabe *désa* qui sont maintenant hors d'usage; par exemple : *désaccointer* (rompre l'accointance, séparer), *désaimer* (cesser d'aimer), *désaffubler* (ôter l'affublement, découvrir, déshabiller).

Ensi furent *désacointié* li Franc et li Grec, que il ne fussent mie si communel (uni) com il avoient esté devant.
(Villehardouin, CVIII, édit. Michaud et Poujoulat, p. 49.)

Nostre ostel verrez bel et cointe,
Mès mainte gent s'en *désacointe.*
(Rutebeuf, édit. Jubinal, t. II, p. 49.)

Dunc saveras tost aimer
Et après *des-amer.*
(Éverard, *Traduction des distiques de Caton* dans l'*Histoire littéraire de la France,* t. XIII, p. 69.)

Je crains.... que votre cœur m'apprenne petit à petit à me *désaimer.*
(Saint François de Sales, *Lettres diverses,* p. 187.)

Désaffubler a eu deux formes; la forme savante *désaffubler*, et la forme populaire *desfubler* ou *deffubler*. En vieux français ces deux formes étaient employées indistinctement.

En maison sont remés li riche et li poissant,
Mais la menue gent et trestuit li enfant
Lor mantiax li *deffublent,* si li gietent devant.
(Herman de Valenciennes, *Bible de sapience,* dans la *Chrestomathie de Bartsch,* p. 70.

Mes que *desafublés* me soie
De ceste chasuble de soie,
De cest aube et de cest rochet.
(*Roman de la Rose,* édit. Méon, t. III, p. 233, v. 19630.)

Puis se *deffuble* par grand ire.
(*Roman du Renart,* édit. Méon, t. I, p. 277, v. 7455.)

De son mentiel se *desaffuble*
Tout singlement est pur le corps.

(*Le poëme de Robert le Diable*, cité par Ducange, v° *Defibulare*.

Adont le baisa, et l'empereur du tout le *deffubla* et le mercia.

(Christine de Pisan, dans la collection des *Mémoires relatifs à l'Histoire de France*, par Petitot, t. VI, p. 76.)

Deffubler luy fault sa cornette,
Si cognoistrons mieulx cest ouvrier.

(*Le Débat de la Nourrice et de la Chambrière*, à trois personnages. *Ancien Théâtre-Français*, t. II, p. 429.)

Panurge, *deffeublant* sa gualle verdine et accoustrement mystique respondit.

(Rabelais, *Pantagruel*, livre V, chap. XLVII.)

Adonc Démosthenes, sentant que le poison avoit desjà pris et gaigné seur luy, se *dessaffubla* et regardant Archias fermement au visage luy dit...

(Amyot, *Hommes illustres*, *Démosthenes*, XLIII.)

Avant qu'on vous aye *deffublé* d'un couvre-chef et puis d'une calote... c'est grand cas si vous n'estes recheu en quelque nouvelle misère.

(Montaigne, *Essais*, liv. III, ch. XIII, édit. Leclerc, t. V, p. 182.)

Puis sa tête il *désaffubla*.

(Scarron, *Virgile travesti*, liv. I.)

Nous bornons ici nos observations sur les mots commençant par la double syllabe *désa*. Les exemples rapportés précédemment suffisent pour montrer quelle a été l'influence du langage populaire sur les mots de cette catégorie.

§ III. — Du préfixe *en*.

Le peuple dit *enflammation* pour *inflammation*, *enflammable* pour *inflammable*, fièvre *enflammatoire* pour fièvre *inflammatoire*, *énutile* pour *inutile*, *énutilité* pour *inutilité*, *énutilement* pour *inutilement*, *énitial* pour *initial*, *énhumain* pour *inhumain*, *enhumer* pour *inhumer*, etc.

La substitution du préfixe *en* au préfixe *in* dans les mots que nous venons de citer est, chez les gens du peuple, un souvenir de l'ancienne forme française *en*, qui originairement était le mode de flexion que suivaient pour passer en français les mots latins commençant par la particule prépositive *in*, ayant le sens de *dans*. En effet, dans la composition des mots français, le préfixe *en* est la forme primitive et populaire, et le préfixe *in* est la forme savante. Ainsi, *enflammer* dérivé du latin *inflammare* est de formation populaire, et *inflammation*, qui dérive du substantif *inflammationem*, est de formation savante.

Différents mots dans lesquels figurait originairement le préfixe *en* ont été, du XIVe siècle au XVIe, refaits par les savants, qui ont remplacé le préfixe *en* par le préfixe *in*, afin de rapprocher, le plus possible, le mot de la forme de son primitif latin. Par exemple : *infirmus*, *infirmitatem*, *incarnatus*, *inclinare*, *incitare*, *inculpare*, *incarcerare*, *incredulitatem*, *imprægnare*, *integritatem*, *intentionem*, *inimicitas* (latin factice pour *inimicitia*), qui avaient donné en ancien français, *enferme*, *enfermeté, encarné, encliner, enciter, encolper* ou *encouper, enchartrer* ou *encartrer, encrédulité, empreigner, enterieté,* ou *entiereté* (1), *entencion, enemistié,* sont devenus sous l'influence savante nos mots modernes, *infirme, infirmité, incarné, incliner* (2), *inciter, inculper, incarcérer, incrédulité, impregner, intégrité, intention, inimitié.*

La substitution du préfixe *in* à l'ancien préfixe *en* dans les mots refaits par les savants, et la présence du préfixe *in* dans les mots de formation nouvelle sont la cause de ces différences qui existent entre les préfixes de certains mots appartenant à la même famille. Tels sont par exemple : *ennemi* et *inimitié, enjoindre* et *injonction, envahir* et *invasion.*

Depuis le XVIe siècle le préfixe populaire *en* n'a exercé aucune influence sur la forme orthographique des mots, ce qui s'explique par cette raison que les

(1) « Quintement Lucresse estriva pour l'*enterieté* de son corps » (*Histoire de Floridan et Belise* à la suite de Jehan de Saintré, p. 528). — Integritas, *entiereté* (*Epithoma vocabulorum,* à Guilelmo monacho de Villa dei. Caen, 1529). — Integritas, tatis, *entiereté,* pureté, bonne et entière santé et disposition (Guillelmi Morelli, *Thesorus vocum omnium latinarum,* Paris, 1622.)

(2) C'est vers le milieu du XVIIe siècle que la forme *incliner* substituée à l'ancienne forme *encliner* a été définitivement adoptée. Vaugelas, dans ses *Remarques* (1647), nous apprend que de son temps « quelques-uns, même à la Cour, disaient *encliner*.,. M. Cœffeteau a toujours écrit *encliner,* M. de Malherbe aussi, en quoi ils n'ont pas été suivis, presque tout le monde disant et écrivant *incliner.* » — Balzac écrivait aussi *encliner* : « A quoi il voyoit que tous *enclinoient* » (*le Prince,* p. 22). — L'Académie française, dans ses *Observations sur les remarques* de Vaugelas (Paris, 1706, p. 319) s'exprime ainsi : « Le verbe *encliner* a vieilli entièrement, et l'autorité de M. Cœffeteau et de M. Malherbe, qui le faisaient dire encore à la Cour du temps de M. de Vaugelas, ne luy a conservé aucun usage. »

mots introduits dans la langue française, postérieurement à cette époque, y sont entrés avec la particule prépositive *in*. Mais la prononciation populaire a gardé ou introduit dans quelques mots le préfixe *en* pour témoigner, en quelque sorte, de la prédilection du peuple et de son attachement pour nos anciennes formes de langage.

§ IV. — Du préfixe *contre*.

Le préfixe latin *contra* et son dérivé le préfixe français *contre* ont servi à former divers mots français. La différence qui existe entre ces deux préfixes, c'est que le préfixe *contre* est une forme primitive et populaire de notre langue, tandis que le préfixe *contra* est une forme introduite postérieurement par les savants dans la composition des mots nouveaux. Ainsi, *contredire* et *contrevenir* sont de formation populaire, *contradiction* et *contravention*, de formation savante.

Le peuple prononce *contrediction* et *contrevention* (1), au lieu de prononcer, conformément à l'orthographe, *contradiction* et *contravention*. — Dans ce mode de prononciation les gens du peuple suivent par instinct la règle traditionnelle de permutation de l'*a* latin en *e* français (2); en ce point, ils se montrent conséquents

---

(1) Sous Louis XIV, le peuple prononçait aussi *contrevention* pour *contravention;* c'est ce que nous apprend Aubry de Boisregard dans ses *Réflexions sur l'usage présent de la langue française*. Paris, 1689.

(2) La même tendance à changer l'*a* en *e* fait dire aux gens du peuple *Montpernasse* pour *Montparnasse*, *belsamine* pour *balsamine*, *pleine* pour *plane* (outil de charron), *d'errache-pied* pour *d'arrache-pied*, *verlope* pour *varlope*, *errhes* pour *arrhes*, *épaigneul* pour *épagneul*, etc. Voyez page 56.

avec le système de formation primitive du français.

C'est ainsi, comme nous l'avons déjà fait remarquer, que dans une foule de mots que réprouve actuellement le bon usage de la langue, le peuple conserve les formes anciennes de notre idiome primitif.

Le peuple, lorsque le préfixe *contre* est placé devant un mot commençant par un *r*, prononce *conte*; sans doute parce que le choc de la syllabe finale *tre* suivie de *re* offre une trop grande difficulté d'articulation. Ainsi il dit *conte-rivure* pour *contre-rivure* (mot technique servant à désigner une petite plaque de fer que l'on met entre le bois et une rivure), *conte-riposte* pour *contre-riposte* (terme d'escrime), *conte-révolution* pour *contre-révolution*. Ce mode vicieux et populaire de prononciation a produit au XVIIe siècle un changement dans l'orthographe des mots *contrôle* (1), *contrôler*, *contrôleur*, qui s'écrivaient au XVIe siècle et précédemment *contre role* ou *contre roolle*, *contre roler* ou *contre rooller*, *contre roleur* ou *contre roolleur* (2).

---

(1) *Contrôle* par contraction pour *contre rôle*. Rôle en ancien français *roole* dérive de *rotulus*.

(2) Si Dieu s'est aulcunement communiqué à toy, ce n'est pas pour se ravaller à ta petitesse, ny pour te donner le *contre-roolle* de son pouvoir (Montaigne, *Essais*, liv. II, chap. XII). Présentez vous tousjours en l'imagination Caton, Phocion et Aristides, en la présence desquels les fols mesmes cacheroient leurs faultes, et establissez les *contre roolleurs* de toutes vos intentions. (*Id.*, liv. I, chap. XXXVIII.)

C'est d'eulx (des philosophes) que nous tenons cette fantaisie, « que la raison humaine est *contreroolleuse* générale de tout ce qui est au dehors et au dedans de la voulte (voûte) céleste... » (*Id.* liv. II, chap. XII.)

Il y a plusieurs années que je n'ay que moy pour visée à mes pensées, que je ne *contreroolle* et n'estudie que moy. (*Id.*, liv. II, chap. VI.)

§ V. — Du préfixe *es*.

Dans tous les mots où, d'après notre orthographe, on voit figurer le préfixe *ex* suivi d'une consonne, les gens du peuple, pour la prononciation de ce préfixe, font entendre le son *ès*. Ainsi par exemple les mots *ex*plication, *ex*tinction, *ex*tase, *ex*tra, *ex*traordinaire, etc., sont prononcés par le peuple *es*plication, *es*tinction, *es*tase, *es*tra, *es*traordinaire.

Il fault, pour juger bien à poinct d'un homme, principalement *contrerooller* ses actions communes et le surprendre en son à tous les jours. (*Id.*, liv. II, chap. XXIX.)

Scipion luy feit reponse qu'il ne vouloit point de trésorier qui le *contrerollast* ainsi, qui ne regardast de si près à sa despense (Amyot, *Hommes illustres, Vie de Marcus Caton*, 7). — Robert Estienne (*Dictionnaire françois-latin*, Paris, 1539), Jehan Thierry (*Dictionnaire françois-latin*, Paris, 1564), et Nicot (*Thresor de la langue françoise tant ancienne que moderne*, Paris, 1806), écrivent *contrerolle, contrerolleur* et *contreroller.*

Robert Poisson insère sous la forme suivante le mot *contrôleur*, dans son *Alfabet nouveau de la vrée et pure ortografe françoize et modèle sus iselui en forme de Dixionaire*, Paris, 1609. L'auteur de cet ouvrage propose de conformer entièrement l'orthographe à la prononciation.

Il y a encor outre tous les officiers sus dicts, deux clercs et un *controlleur* du thresor, deux *controlleurs* et receveurs du domaine : mais d'autant que quant aux clercs et *controlleurs* qui sont offices fort anciens, ils n'ont plus aucune fonction ; et quant aux autres *controlleurs* et receveurs, leurs charges consistent au seul *controlle* et maniement des deniers du dict domaine. (Bacquet, *De la juridiction du thresor*, préface, Paris, 1621.)

Philibert Monet (*Abrégé du parallèle des deux langues françoise et latine*, Paris, 1635, et *Inventaire des deux langues françoise et latine*, Lyon, 1636), enregistre sous ces deux formes les mots *controle* et *contrerolle*, *controler* et *contreroler*, *controleur* et *contreroleur*.

Ce n'est guère que vers le milieu du XVIIe siècle, que les formes anciennes *contrerole*, *contreroler* et *contreroleur*, ont été exclues définitivement de l'orthographe et remplacées par les formes modernes *contrôle*, *contrôler*, *contrôleur*.

Ce mode de prononciation, qui remonte au temps primitif de la formation du français, est dans la bouche du peuple un souvenir traditionnel des anciens usages de notre langue.

En effet, le préfixe *ex* placé devant tous les mots latins devenus français à l'origine de la langue, a fléchi en *es*. Ainsi *ex*amen, *ex*sufflare, *ex*siccare, *ex*sagium, ont donné dès la formation du français *es*saim, *es*souffler, *es*suyer, *es*sai. De même *ex*tirpare, *ex*communicare, *ex*torquere, *ex*trahere, *ex*tractionem, *ex*perimentare, *ex*pertus, *ex*piare, *ex*plicare, *ex*plectum (bas latin), *ex*ponere, *ex*cuisitus, *ex*tinctionem, *ex*cusare sont devenus en ancien français, *es*treper, *es*cumenier ou *es*comenier, *es*tordre, *es*traire, *es*traction, *es*perimenter, *es*pers, *es*pier, *es*ployer, *es*pleit ou *es*ploit, *es*pondre, *es*quis, *es*tinction, *es*cuser, etc. Mais ces mots ont été, du XIVe siècle au XVIe, refaits par les savants sur le thème latin, en substituant le préfixe latin *ex* à l'ancien préfixe français *es ;* et c'est ainsi que nous sont parvenus sous une forme nouvelle les mots *ex*tirper, *ex*communier, *ex*torquer, *ex*traire, *ex*traction, *ex*périmenter, *ex*pert, *ex*pier, *ex*ploiter, *ex*ploit, *ex*poser, *ex*quis, *ex*tinction, *ex*cuser, etc. Pareillement depuis le XVIe siècle tous les mots nouveaux dérivés du latin et précédés du préfixe *ex* ont été introduits dans notre langue en conservant la forme de ce préfixe. Tels sont, par exemple : *ex*clamation, *ex*plorer, *ex*plosion, *ex*pression, *ex*ténuer, *ex*ténuation, *ex*tension, etc. De même le préfixe *ex* a servi à former divers composés français dont les correspondants ne se trouvent point dans la langue latine, par exemple : *ex*hausser, *ex*proprier, *ex*propriation, *ex*actitude (1), etc.

Par suite de cette transformation du préfixe *es* en *ex*, il n'est resté dans notre langue que peu de mots qui aient résisté à ce changement et qui aient conservé l'ancien préfixe français *es*. On ne trouve guère dans cette classe de mots que ceux que nous avons déjà cités *essaim, essouffler, essuyer, essai.*

Mais le peuple, qui surtout en fait de langage demeure le gardien fidèle des traditions du passé, a persévéré et persévère à prononcer selon l'ancien usage *es* au lieu de *ex,* sans doute parce qu'il trouve l'articulation de cette première forme plus facile que celle de la seconde. Aussi, sans se préoccuper des réformes orthographiques adoptées par les savants et les grammairiens, le peuple continue de prononcer comme autrefois *es*ploit, *es*pert, *es*pier, *es*traire, etc., au lieu de *ex*ploit, *ex*pert, *ex*pier, *ex*traire, et, conséquent avec les règles de prononciation qu'il s'est faites, il les applique à tous les mots nouveaux qui frappent son oreille, et il les prononce conformément à ses habitudes de langage. C'est ainsi que le peuple dit *es*propriation, *es*plosion pour *ex*propriation, *ex*plosion.

La prononciation populaire du préfixe *es* pour *ex* n'a

(1) Ce mot était nouveau au XVIIe siècle, « Pour *exactitude,* dit Vaugelas (*Remarques sur la langue française,* 1647), c'est un mot que j'ai vu naître comme un monstre, contre qui tout le monde s'écrioit ; mais enfin on s'y est apprivoisé, et dès lors j'en fis ce jugement, qui se peut faire en beaucoup d'autres mots, qu'à cause qu'on en avoit besoin et qu'il étoit commode, il ne manqueroit pas de s'établir. »

exercé aucune influence sur l'orthographe de notre langue depuis le XVIe siècle. En effet à cette époque, comme nous l'avons déjà dit, le préfixe latin *ex* ayant remplacé l'ancien préfixe français *es* dans l'orthographe des mots où se trouvait précédemment ce dernier préfixe, on ne s'est plus servi pour les mots refaits par les savants et pour les mots nouvellement introduits dans notre langue que du préfixe *ex*. Cependant, malgré ce changement d'orthographe, l'ancien usage de prononcer *es* au lieu de *ex* a continué d'exister encore longtemps (1), et ce n'est que vers la fin du XVIIe siècle que la prononciation du préfixe *ex* suivi d'une consonne n'a plus différé de l'orthographe (2). Le peuple seul a conservé l'habitude de prononcer comme autrefois *es* pour *ex* dans les mots où figure orthographiquement ce dernier préfixe.

---

(1) Antoine Oudin (*Grammaire françoise* — rapportée au langage du temps, édition revue et corrigée, Douay, 1648) s'exprime ainsi page 36 : « *x* se prononce comme *s* simple en ces mots *excuser*, *expliquer*, *excommunier*, *exquis*, *excréments*, et leurs descendants : lisez *escuser*, *espliquer*, *escommunier*, etc. » Un ancien auteur qui indique exactement la prononciation de la cour de Louis XIV, Lartigaut, dans son ouvrage intitulé : *Les principes infaillibles et les règles assurées de la juste prononciation de notre langue*. (Paris, 1670), dit que dans l'intérieur des mots *x* doit avoir la prononciation de *es* comme dans *Alexandre*, *toxin*, etc. Mais il excepte de cette règle le cas que voici : « Il y a, dit-il, de certains mots où l'usage a fait changer l'*x* en *s* seule, pour aider à la prononciation, comme *escuser*, *inesplicable*, *à l'esclusion*, etc., au lieu d'*excuser*, *inexplicable*, *à l'exclusion*. »

(2) Regnier-Desmarais, page 61 de la *Grammaire françoise*, publiée en 1706, dit que « tous les mots français qui ont une consonne après eux, comme *excuser*, *exclamation*, *exclure*, *expert*, *exprès*, *extrême mixtion*, etc., se prononcent *cs*. Ce mode de prononciation définitivement adopté au commencement du XVIIIe siècle, est encore celui que nous suivons aujourd'hui. »

CHAPITRE II.

DES PERMUTATIONS DE LETTRES.

Les gens du peuple, dans la prononciation de certains mots, substituent une lettre à une autre. Nous indiquerons dans les paragraphes suivants les permutations les plus fréquentes du langage populaire.

§ Ier. — De la permutation de la voyelle *a* en *e*.

Le peuple change le son *a* en *é* dans les mots suivants, et il prononce :

B*e*lsamine	pour	b*a*lsamine.
Cl*é*rinette	—	cl*a*rinette.
Décl*ai*rer	—	décl*a*rer.
Décl*ai*ration	—	décl*a*ration.
S*e*rbacane	—	s*a*rbacane.
Valéri*ai*ne	—	valériane.
Cl*ai*rté	—	cl*a*rté.
D'*é*rache-pied	—	d'*a*rrache-pied.
*E*rrière	—	*a*rrière.
S*e*rment	—	s*a*rment.
Ép*ai*gneul	—	ép*a*gneul.
Ch*é*rette	—	ch*a*rrette.
Ch*ai*rcutier	—	ch*a*rcutier.
T*é*rière	—	t*a*rière.
Pl*ai*ne	—	pl*a*ne.
V*e*rlope	—	v*a*rlope.
P*e*rnasse	—	p*a*rnasse.
*E*rrhes	—	*a*rrhes.
T*é*rir	—	t*a*rir.

Mais quelle est la cause de ce mode de prononciation d'un usage ordinaire chez les gens du peuple? Cette cause doit être attribuée au système de formation primitive et populaire de notre langue ; c'est un souvenir du changement que subissait fréquemment l'*a* du primitif latin qui en passant dans le français originaire fléchissait en *é* et en *ai*.

Voici des exemples de l'une et de l'autre de ces permutations :

P*a*ter	a donné en vieux français	p*è*re.
M*a*ter	—	m*è*re.
Fr*a*ter	—	fr*è*re.
C*a*put	—	ch*e*f.
C*a*pra	—	ch*è*vre.
Al*a*crem	—	all*è*gre.
Am*a*rus	—	am*e*r.
Gr*a*tum	—	gr*é*.
B*a*lare	—	b*é*ler.
C*a*rus	—	ch*e*r.
Cl*a*vis	—	cl*e*f.
F*a*ba	—	f*è*ve.
L*a*tus	—	l*é*.
*A*rmenia	—	h*e*rmine.
M*a*re	—	m*e*r.
Mort*a*lis	—	mort*e*l,
N*a*sus	—	n*e*z.
N*a*vis	—	n*e*f.
Pr*a*tum	—	pr*é*.
Pecc*a*tum	—	péch*é*
P*a*la	—	p*e*lle.
Qu*a*lis	—	qu*e*l.
Nec*a*re	—	noy*e*r.
Auri f*a*ber	—	orf*é*vre.
S*a*l	—	s*e*l.
T*a*lis	—	t*e*l.
S*a*cramentum	—	s*e*rment.
C*a*nile	—	ch*e*nil.
*A*la	—	*ai*le.
M*a*crum	—	m*ai*gre.
Septim*a*na	—	sepm*ai*ne (semaine).

*A*cutus — *ai*gu.
*A*m*a*re — *ai*mer.
Cl*a*rus — cl*ai*r.
C*a*ro — ch*ai*r.
F*a*cere — f*ai*re.
P*a*x — p*ai*x.
S*a*larium — sal*ai*re.
*A*xilla — *ai*sselle.
P*a*r — p*ai*r.
P*a*nis — p*ai*n.
M*a*nus — m*ai*n.
F*a*mes — f*ai*m, etc.

La permutation de l'*a* en *e*, comme le montrent les exemples que nous venons de donner, a lieu fréquemment dans le langage du peuple de Paris. La tendance manifeste à substituer la voyelle *e* à la voyelle *a* est ancienne dans les habitudes de la population parisienne. Un auteur du XVIe siècle, Geoffroy Tory, remarquait de son temps cette même tendance chez les dames de Paris.

« Les dames Lyonnoises, dit-il, pronuncent gracieusement souvent *a* pour *e*... Au contraire, les dames de Paris en lieu de *a* pronuncent *e* bien souvent, quand elles disent : mon *mery* est à la porte de *Peris* où il se faict *peier*, » en lieu de dire : « mon *mary* est à la porte de *Paris* où il se faict *paier*. » Telle manière de parler vient d'accoustumence de jeunesse. » (Geoffroy Tory, *Champ Fleury*, 1529, fol. XXXIII, verso.)

La prononciation des dames de Paris, à l'égard du dernier mot de l'exemple cité par Geoffroy Tory, a fini par passer dans l'usage. En effet, nous prononçons aujourd'hui *payer* (*péier*) comme les Parisiennes au temps de François Ier. De même nous écrivons *pays* et nous prononçons *péi*. Palsgrave (*Éclaircissement de la langue française*, p. 13) remarque qu'au commencement du XVIe siècle on prononçait *païs*.

Parmi les mots cités ci-dessus et dans lesquels la prononciation populaire change le son *a* en *é*, il s'en trouve plusieurs qui autrefois s'écrivaient de même que le peuple les prononce aujourd'hui. Ainsi on rencontre dans l'ancien français *clairté* ou *clerté* pour *clarté*, *déclairer* ou *déclérer* pour *déclarer*, *chaircutier* ou *chaircuitier* pour *charcutier*, *erres* pour *arrhes*.

C'est belle chose voir la clerté du (vin et escus) soleil, (Rabelais, *Prologue* du liv. III de *Pantagruel*.)

> Quand le soleil luisant recule sa *clairté*
> Loin du tropique chaud et tire au capricorne
> Où son autre carrière absent de nous il borne,
> Le ciel trouble et couvert nous cache sa beauté.

(Amadis Jamyn, *Œuvres poétiques*, liv. I, édit. de 1577, fol. 3 verso.)

> Toutes vertus on admire
> Qui nous honorent le front,
> Mais celles des grands roys font
> Plus qu'autres leur *clairté* luire.

(*Id. ibid.*, fol. 51.)

Ma maison, ô Socrates, n'est point embellie d'ouvrages, ny de peintures, mais tout le bastiment qui y est n'a esté devisé (divisé) que pour une demeure commode à ceux qui sont dedans, suivant ce qu'il m'a semblé que chasque chose demande naturellement ce qui luy est le plus seant et convenable : comme les chambres estans aux lieux les plus forts et les plus seurs appelloient, à mon advis, les choses plus précieuses, les garnitures de licts et les vases; la plus seiche partie du logis appelloit le blé, et la plus froide le vin; la plus claire, l'ouvroir des serviteurs qui ont besoing de *clairté* et les outils.

(Estienne de La Boëtie, *La Menagerie de Xenophon*, édit. Feugère, p. 180 et 181.)

Comme une estoile diffère de l'autre en *clairté*.

(Calvin, *Instit.*, 1187, cité dans Littré, *Dict. de la langue françoise*, v° *clarté*.)

Il estoit presque jour et le ciel sousriant
Blanchissoit de *clairté* les peuples d'Orient.

(Régnier, *Discours au roi*, épître I.)

Se jadis je fuz de leur ranc,
Je *déclaire* que n'en suys mais.

(Villon, *Grand testament, double ballade*, LX.)

Je vous *déclaire*
Que desja espousé l'avez.

(Clément Marot, *Colloque d'Erasme*, édit. Auguis, t. IV, p. 345.)

Et le prophète nous *déclère* :
Nolite fieri sicut equus et mulus
Quibus non est intellectus (1).

(*Ancien Théâtre français*, édit. Jannet, t. II, p. 11.)

Dans les diverses ordonnances relatives à l'exercice de la profession de *charcutier* (de 1513 à 1705), ce mot est écrit : *chaircuitier* et *chaircutier*.

Et sachies bien cui l'en octroie
Le baisier, qu'il a de la proie
Le miex et le plus avenant,
Si a *erres* du remenant.

(*Roman de la Rose*, édit. Méon, t. I, p. 138, v. 3415.)

---

(1) Dans les campagnes de la Haute-Marne, ces deux vers se nomment les versets sans *a*, et l'on prétend qu'accompagnés de certains signes, ils ont le pouvoir d'empêcher une fermière de battre son beurre.

Voulez-vous que du sort les *erres* je refuse ?
(*Ancien Théâtre français*, t. VIII, p. 33.)

Arrha, arrhæ, *erres*, denier à Dieu.
(Morel, *Thesaurus vocum omnium latinarum*. 1622.)

Erre, erres, arre, arres, pièce d'argent donnée pour arres de marché : hæc arrha ; bailler les *erres* d'un achet accordé : contractæ emtionis arrham dare.
(Philibert Monet, *Inventaire des deux langues françoise et latine,* 1636.)

Bouhours (*Remarques nouvelles sur la langue françoise*, 2e édit. 1676, p. 449) dit en parlant des mots *airrhes* et *arrhes* : « L'usage a distingué ces deux mots qui ne signifient au fond que la même chose, c'est-à-dire des gages. *Airrhes* se dit dans le propre, *donner des airrhes au coche*. *Arrhes* se dit dans le figuré : *les arrhes du salut*. »

Aubry de Boisregard dans ses *Réflexions sur l'usage présent de la langue françoise*, publiées en 1689, p. 64, enseigne aussi que « *arrhes* ne se dit que dans le figuré ».

Furetière (*Dictionnaire universel*, 1690) écrit *arrhes* et dit : « A Paris, on prononce *erres*. »

Il importe de remarquer que certains mots dans lesquels, sous l'influence de la prononciation populaire, l'*a* du primitif latin en passant en français était devenu *e*, ont repris postérieurement l'*a* du mot latin dont ils étaient dérivés. Par exemple *lacrima* a donné en ancien français de formation populaire *lerme; harpa*, (ἅρπη), *herpe; cithara*, (κιθάρα) *guitere ; catarrhus* (κατάῤῥοος), *caterre*.

La dame fist à Deu sun présent e sa oblatiun; sun quer (cœur) menne chaldes (chaudes) *lermes.*

(*Le livre des rois*, p. 3.)

La plore à *lermes* espandues
Les granz honors qu'ele a perdues.

(*Roman de la Rose*, édit. Méon, t. II, p. 98, v. 6184.)

Que te vaut donc le corrocier,
Le *lermoier* et le groucier (murmurer).

(*Ibid*, t. II, p. 129, v. 6872.)

Por la biauté dont tant i voient,
Tendrement plorent et *lermoient.*

(*Nouveau recueil de fabliaux et contes anciens*, t. II, p. 35.)

Las! bon temps j'avoye,
Dont adés *lermoye*
A mout chaudes *lermes.*

(*Martial de Paris*, dans la *Chrestomathie* de Bartsch, p. 441.)

Diex erraument li pardona
Que de toz ses pechiez plora,
L'ors fu bone, et bons li termes
Moult vindrent de bon leu les *lermes :*
Sa paors et sa repentance
Nos doit doner grant esperance.

(Bible Guiot, citée par Roquefort, *Glossaire de langue romane*, v° *Lermes.*)

Et boit d'autant, vueille ou non vueille,
Tant que la *lerme* en vient à l'œil.

(*Ancien Théâtre français*, t. II, p. 433.)

Prince depuis que chantés d'avanture
Donés acord, plein chant et floriture
A l'humble fleur des vierges espanie,
Et vous orrés à la gloire future
Herpe rendant souveraine armonie.

(Henri de Croye, cité par Roquefort, *Glossaire de la langue romane*, v° *Herpe.*)

C'estoit la chançon et la *herpe*
Dont la saincte femme le berse.

(Eustache Deschamps, *Miroir de mariage*, p. 121.)

... L'un d'eux dist à Jehan Barre qui lors jouoit de la *guyterne* (1) : viens jouer et guyterner avecques nous.

(*Lettres de rémission de l'année* 1368, dans Ducange, v° *Guiterna.*)

... Dancer, saulter, jouer de la *guiterre.*

(*Les Napolitaines*, comédie, 1584 ; *Ancien Théâtre français*, édit. Jannet, t. VII, p. 25.)

Une lyre ne leur seroit pas mieux seante, n'y une *guiterne.*

(La Boëtie, *Règles de mariage de Plutarque*, édit. Feugère, p. 275.)

Comme Amphion tira de gros quartiers de pierre,
Pour emmurer sa ville au son de sa *guiterre.*

(Ronsard, cité par Quincherat, *Traité de vérification française*, p. 362.)

Le mal du roi (Charles VIII) fut ung *caterre* ou apoplexie.

(Philipe de Commynes, liv. VIII, chap. XXVII, édit. de 1843, t. II, p. 594.)

Le maudissez, comme Caïn filz d'Adam,
Et rengregez d'ung si rude *caterre*,
Que abismé soit au centre de terre.

(Jean Marot, *Exhortation aux princes chrétiens.*)

Vous portez cy une fourrure
Et si encore la froidure
N'est point à craindre. — Je me serre
Pour la descente d'un *caterre* (2)
Qui me chet dessus la poictrine.

(Grevin, *Les Esbahis*, comédie, 1560, *Ancien théâtre français*, édit. Jannet, t. IV, p. 237.)

---

(1) Dans les anciens textes on rencontre *guiterre* ou *guiterne.*

(2) Henri Estienne rapporte que de son temps on prononçait à la cour *caterre* pour *catarrhe.* « Les courtisans, dit-il, contrefaiseurs de petites

Mais au XVIe siècle, les savants, écartant la forme populaire et voulant restituer à ces mots l'*a* du primitif latin ont substitué la voyelle *a* à la voyelle *e*, et on a fini par écrire et par prononcer *larme, harpe, guitare, catarrhe.* Il est arrivé cependant que les tentatives des savants ont été souvent impuissantes contre la tendance populaire à changer *a* en *e*. Ainsi, par exemple, au XVIe siècle et au XVIIe on écrivait *asparge* et *asperge* (du latin *asparagus*). Mais la forme populaire *asperge* a fini par l'emporter et est restée seule en usage dans notre langue moderne.

---

bouches, et surtout les femmes de la cour et celles qui croiroient déroger à leur noblesse en prononçant l'*a*, le remplacent par *e* et disent *catherre* et *cataplesme* pour *catharre* et *cataplasme* : ils rappellent la demoiselle Savoyenne et son *chanter magnifiquer* qu'elle disait pour *chanter Magnificat*, pensant éviter la vue de son langage naturel. Gardons-nous de les imiter. »

(*Introduction au Traité de la conformité des merveilles anciennes avec les modernes*, liv. I, dans Livet, *la Grammaire française et les Grammairiens au XVIe siècle*, p. 340.)

Au XVIIe siècle on écrivait *catharre* et *catherre* ; mais on prononçait *caterre*. Telle est la remarque que font expressément Oudin (*Grammaire françoise*, édit. de 1648, p. 1), Chifflet (*Nouvelle et parfaite Grammaire françoise*, 1680, p. 194) et Ménage (*Observations sur la langue françoise*, 1675, p. 286) qui cite les vers suivants de Sarasin ;

L'aurore dans ce temps d'hyver,
Gardant ses fleurs pour d'autres terres,
Ne seme plus à son lever
Que des rhumes et des *catherres*.

Furetière (*Dict. universel*, 1690), écrit aussi *caterre*.

Mais vers la fin du XVIIe siècle on écrivait et on prononçait *catarre* de préférence à *caterre*. C'est ce que nous apprend la première édition du Dictionnaire de l'Académie française (1694), qui enregistre seulement *catarre* en faisant remarquer que quelques-uns écrivent et prononcent *caterre*.

Autrefois on disait *sarge* au lieu de *serge*.

« Mais si le lit est couvert de *sarge*, de broderie... »
(*Le menageur de Paris*, t. II, p. 118.)

Vaugelas (*Remarques sur la langue françoise*, 1647) s'exprime ainsi : « Toute la cour dit *sarge* et toute la ville de Paris dit *serge*. » Mais Thomas Corneille, dans ses notes imprimées en 1687, fait observer que : « Le père Bouhours a raison de décider qu'à l'égard de *sarge* tous ceux qui parlent bien disent aujourd'hui *serge*, et que les gens de la cour s'accordent en cela avec les bourgeois et les marchands. » L'Académie française dit aussi dans ses observations publiées en 1704 sur les *Remarques* de Vaugelas que : « *sarge* est un mot hors d'usage et il faut dire et écrire *serge*. » — Ainsi c'est à l'influence du langage populaire qu'on doit attribuer le changement de l'*a* en *e*, qui s'est opéré dans l'orthographe de ce mot.

On a dit aussi en vieux français *garir*, *garison*, pour *guérir*; *guérison*.

Tant en retint dunt ses cors puet *garir*.
(*Vie de saint Alexis*, XIe siècle.)

Ne set sa *garison* où querre.
(*Roman du Renart*, t. I, p. 29, v. 767.)

D'une pierre fu le mordens (agrafe),
Qui *garissoit* du mal de dens.
(*Roman de la Rose*, édit. Méon, p. 44, v. 1083.)

La chaussure patricienne ne *guarit* pas de la goutte des pieds.
(Amyot, *Œuvres morales de Plutarque; De la tranquillité de l'âme et repos de l'esprit*, t. XIII, p. 424.)

Et leur disant qu'ils cherchassent bien, et que s'ils pouvoient recouvrer d'icelle pierre philosophale, toute petite pièce fust-elle, ils feroient merveilles, romproient les barres des portes ouvertes, *gariroient* ceux qui n'avoient point de mal...

(Bonaventure des Periers, *Cymbalum mundi*, dialogue II.)

Le naturel qui accepteroit la rubarbe comme familière en corromproit l'usage; il fault que ce soit chose qui blece nostre estomach pour le *garir* : et icy fault la règle commune que les choses se *guarissent* par leurs contraires; car le mal y *guarit* le mal.

(Montaigne, *Essais*, liv. I, chap. XXIX.)

Quand il s'en trouveroit quelqu'un de si tendre conscience, à qui nulle *guarison* ne semblast digne d'un si puissant remède, je ne l'en estimerois pas moins.

(*Id.*, *ibid.*, liv. III, chap. I.)

Un auteur du XVIe siècle, Théodore de Beze, en parlant de la prononciation des deux mots qui nous occupent, dit qu'il préfère prononcer *guérir* et *guérison* et non pas *guarir* et *garison* comme on le fait généralement de son temps (1).

Mais, au XVIIe siècle, la forme populaire a fini par l'emporter, et depuis cette époque les mots *guérir* et *guérison* ont été seuls en usage (2).

Vaugelas, dans ses *Remarques sur la langue fran-*

---

(1) Item contigit in his vocibus *guairir* et *guairison*, quas plerique extrito *i* proferunt *guarir* et *guarison*. Mihi tamen illa vetustior pronuntiatio magis probatur. (*De francicæ linguæ recta pronuntiatione, Theodore Beza autore, Genevæ*, 1584, p. 42.)

(2) Dans quelques provinces et notamment dans le Berry, on a conservé l'ancienne prononciation et on dit encore *garir* pour *guérir* (Glossaire du centre de la France, par le comte Jaubert, v° *garir*).

çoise, vis *guarir* et *guérir* s'exprime ainsi : « autrefois on disait l'un et l'autre et plus tost *guarir* que *guérir;* mais ceux qui parlent et écrivent bien disent toujours *guérir* et jamais *guarir.* » Thomas Corneille ajoute : « M. de la Mothe le Vayer veut que *garir* soit aussi bon que *guérir* et qu'il appelle effeminé, et d'enfant de Paris, qui change *a* en *e*. On a parlé ainsi autrefois, mais présentement on ne dit plus que *guérir* et *guérison.* » (*Notes sur les Remarques de Vaugelas*, 1687.)

Nous terminerons ce paragraphe par la remarque suivante : les habitudes du langage populaire, au point de vue de la tendance qui porte le peuple à changer dans certains mots la voyelle *a* en *e*, ont exercé moins d'influence sur l'orthographe moderne que sur l'ancienne. En effet, dès le XIIIe siècle et surtout depuis le XVIe siècle, les mots nouveaux dérivés du latin et que les savants ont introduits dans notre langue[1], y sont entrés en conservant la voyelle *a* du primitif latin sans faire fléchir cette voyelle en *e* comme cela avait lieu antérieurement au XIIe siècle, lorsque la langue était le produit d'une formation populaire et spontanée. Par exemple *mare* avec permutation de la voyelle *a* en *e* a donné en français de formation primitive et populaire *mer* :

> Dunc vint errant dreitement à la *mer*
> La nef est preste ou il deveit entrer.

(*Vie de saint Alexis*, Xe siècle.)

Au contraire, les mots *marin* et *maritime*, empruntés au latin *marinus* et *maritimus* par les savants du

XVIe siècle et calqués entièrement sur le primitif, sont devenus français sans flexion de la voyelle *a* en *e*.

(L'alcyon) le porte (son nid) au battement du flot *marin*.
(Montaigne, *Essais*, liv. II, chap. XII, édit. Leclerc, t. III, p. 85.)

... Loin de l'armée de mer et des places *maritimes* qu'il avoit en la coste d'Afrique.
(*Id.*, *ibid.*, liv. II, chap. XXI, t. III, p. 471.)

Sous le rapport de la flexion de l'*a* en *e*, le langage populaire, par le motif que nous venons d'indiquer, n'a eu surtout depuis le XVIe siècle, qu'une faible influence sur la forme des mots introduits dans notre langue moderne.

§ II. — De la permutation de la voyelle *i* en *e*.

Les gens du peuple changent la voyelle *i* en *e* dans les mots suivants, et ils prononcent :

D*é*ligence	pour	d*i*ligence.
D*é*ligent	—	d*i*ligent.
D*é*ligenter	—	d*i*ligenter.
D*é*minuer	—	d*i*minuer.
D*é*minution	—	d*i*minution.
Él*é*xir	—	él*i*xir.
Ér*é*sipèle	—	ér*y*sipèle.
G*é*rofle	—	g*i*rofle.
P*é*grièche	—	p*i*grièche.
S*e*ccatif	—	s*i*ccatif.
K*é*rielle	—	k*i*rielle.
R*é*dicule	—	r*i*dicule.
R*é*gide	—	r*i*gide.
Cr*é*noline	—	cr*i*noline.
Rach*é*tique	—	rach*i*tique.

*E*nutile	pour	*i*nutile.
Cr*é*tique	—	cr*i*tique.
Cr*é*tiquer	—	cr*i*tiquer.
B*é*tume	—	b*i*tume.
Arch*é*tèque	—	arch*i*tecte, etc.

Ce mode de prononciation en usage chez les gens du peuple a sa cause dans le système de formation primitive et populaire de notre langue; en effet cette tendance à faire fléchir la voyelle *i* en *e* est un souvenir des habitudes traditionnelles de la permutation que subissait la voyelle *i* du primitif latin qui en français originaire devenait fréquemment *e*. Ainsi :

C*i*rculus	a donné en français primitif	c*e*rcle.
L*i*ttera	—	lettre.
S*i*ccus	—	sec.
F*i*rmus	—	ferme.
Trist*i*tia	—	trist*e*sse.
V*i*rga	—	verge.
V*i*rtus	—	vertu.
V*i*ridis	—	vert.
C*i*ppus	—	cep.
D*i*luvium	—	d*é*luge.
M*i*nutus	—	menu.
M*i*nare (1)	—	mener.
F*i*ndere	—	fendre.
C*i*nerem	—	cendre.
M*i*ttere	—	mettre.
Cr*i*sta	—	creste (crète).
Tr*i*folium	—	tr*é*fle.

(1) La signification toute spéciale du verbe latin *minare*, menacer, s'est, dans la suite, élargie en celle de ducere; « minare, dit Papias, ducere de loco ad locum, promovere. » (Scheler, *Dict. d'étymologie française*, v° *Mener*.)

Divinus a également donné en ancien français de formation populaire, *devin* substantif et *devin, devine,* adjectif.

Seignor, ce dient li *devin,*
Il est escrit en parchemin
Que cil a sovent mau matin
Qui près de lui a mau voisin
(*Roman du Renart,* édit. Méon, t. I, p. 275, v. 7383.)

Ne voelent pas les deitez
Ne les *devines* poestez
Q'i ailliez, mostré me l'ont.
(*Roman de Troie,* dans la *Christomathie de l'ancien français,* par Bartsch, p. 160.)

Une vois *devine* li dist
Laisast cette oire, autre prensist.
(*Roman de Brut,* t. II, p. 295, v. 15220.)

Mais de bonne heure, sous l'influence des savants, le même mot *divinus,* calqué entièrement sur le primitif latin, a produit l'adjectif *divin* (1), et la forme populaire *devin* est seule restée en usage comme substantif et dans le sens de *qui devine* ou *qui prétend deviner.*

Le mot bas latin *divinator, divinatorem* a donné en ancien français de formation populaire les deux formes *devinaire* ou *devinere* et *devineor* ou *devineur.* La première forme *devinaire* servait pour le nominatif et la seconde forme *devineor* pour le régime.

---

(1) Cil a cui il astoient venut eret justes et avironeiz de *divines* plaies. (*Livre de Job* à la suite des *quatre livres des Rois,* p. 475.)

Mathematicus, *devineres* (devin, astrologue).
(*Vocabulaire latin-français* du XIVe siècle, à la suite des *Remarques sur les patois*, par Escallier, p. 456.)

Ses sages *devineors*,
(*Roman de Brut*, t. I, p. 7, v. 120.)

Ne ne çrei *devineors*.
(*Roman de Rou*, v. 12658.)

Et fist tuz les enchanturs e les *devinurs* por déable remuer.
Les Quatre livres des Rois, p. 426.)

Mais, depuis que l'usage de la déclinaison à deux cas a cessé d'exister en français, c'est-à-dire vers le XIVe siècle, la langue moderne n'a conservé de ces deux formes primitives *devinere* et *devineor*, que la forme du cas régime *devineur*.

Au XVIe siècle, les savants voulant, sans doute, reproduire entièrement la forme latine de *divinator*, *divinatrix*, avaient introduit *divinateur*, *divinatrice* comme substantif signifiant devin, celui ou celle qui pratique l'art chimérique de prédire l'avenir, et comme adjectif signifiant, qui a rapport à la divination.

Diogène disoit, lorsqu'il avoit esgard aux médecins et gens de justice qu'il ne trouvoit rien plus sage que l'homme; mais que quand il venoit à penser à ces *divinateurs*, nécromanciens et autres de pareille faction, qu'il ne trouvoit rien plus sot.
(Jaques Tahureau, *Dialogues*, Rouen, 1583, f° 117.)

Laissé moy l'astrologie *divinatrice* et l'art de Lullius comme abus et vanitez.
(Rabelais, *Pantagruel*, liv. II, chap. VIII.)

Jugeant que c'estoit le soleil qui imprimoit ceste température et ceste disposition en la terre, de laquelle sourdoit ceste exhalation *divinatrice.*

(Amyot, *Œuvres morales de Plutarque, Des oracles qui ont cessé*, LV.)

Il (Julien l'Apostat), estoit aussi embabouyné de la science *divinatrice* et donnoit authorité à toute façon de prognostics.

(Montaigne, *Essais*, liv. I, chap. XIX.)

Par cette voie se gaigne le crédit des fables *divinatrices.*

(*Ibid.*, liv. II, chap. XII, édit. Leclerc, t. III, p. 296.)

Divinare a produit, dès les temps anciens de la langue, *deviner*.

Malement *devina* de mei,
Ki ne sout *deviner* de sei;
S'il de tot sout dire veir
Bien deust sa mort pourveir.

(*Roman de Rou*, v. 11791.)

On trouve dans quelques auteurs ce verbe calqué sur la forme du primitif *divinare* et écrit *diviner*.

Il semble que tous ceulx qui diffinissent vertu *divinent* ou sentent aucunement que vertu est tel habit qui est selon prudence.

(Oresme, *Eth.* cité par Littré *Dict. de la langue française*, v° *Deviner*.)

Je *divine*... Je ne sçay pas *diviner* que c'est que en adviendra de ces choses, je ne suis pas *divineur*.

(Palsgave, l'*Eclaircissement de la langue françoise*, p. 668.)

Montaigne, qui écrit ordinairement *deviner*, s'est servi cependant une fois de cette forme savante *diviner*.

Ce tant célèbre art de *deviner* des Toscans nasquit ainsin.

(Montaigne, *Essais*, liv. I, chap. XI, édit. Leclerc, t. I, p, 70.)

Ainsi les ames des hommes, quand elles sont libres et desprinses du corps par le sommeil ou par quelque ravissement. *divinent*, prognostiquent et voyent choses qu'elles ne sçauroient voir meslées au corps.

(*Ibid.*, liv. II, chap. XII, t. III, p. 181.)

C'est à *deviner*... Si la constance s'y feust trouvée.

(*Ibid.*, liv. II, chap. XIII, t. III, p. 337.)

Il n'est que de *deviner* en choses faites... comme on dict d'Epimenides, qu'il *devinoit* à reculons.

(*Ibid.*, liv. II, chap. XXX, t. IV, p. 3.)

Mais vers la fin du XVIe siècle on ne rencontre plus ce verbe écrit autrement que sous la forme populaire *deviner*.

L'ancien français avait *devinement*, mot de formation populaire signifiant prophétie, chose annoncée par un devin (1).

Mais au XVIe siècle, les savants ayant introduit le mot *divination* dérivé directement de *divinationem*, ce mot, employé de préférence à *devinement*, a fini par remplacer ce dernier terme qui, à la fin du XVIIe siècle, avait disparu entièrement de la langue (2).

---

(1) Pur ço cumandad Saül que l'um li queist une femme ki soust de sorcerie que par son *devinement* seust cume la bataille se prendreit.

(*Les quatre livres des Rois*, p. 109.)

(2) Prenons aultre voye de *divination*. Rabelais, *Pantagruel*, liv. III, chap. XIII)... Aussi les anges, les heroes, les bons demons (selon la doctrine des Platonicques) voyans les humains prochains de mort, comme de port tres seur et salutaire, port de repous et de tranquillité, hors les troubles et sollicitudes terriennes, les saluent, les consolent, parlent avecques eulx, et ja commencent leur communicquer art de *divination* (*Ibid.* liv. III, chap. XXI.)

Divisum, supin de *dividere*, au moyen de son fréquentatif *divisare*, a produit en français primitif de formation populaire *deviser*.

Ne sai porqoi vos *devisasse*
To les mès ne porqoi musasse.

(*Dolphatos* à la suite du *Roman des sept sages* de Rome, publié par Leroux de Lincy, p. 159.)

Mais au XVIe siècle la forme savante *diviser* a remplacé la forme populaire *deviser*, et ce dernier verbe n'est resté dans la langue qu'avec l'acception de s'entretenir familièrement.

Nous avons dit que *firmus* avait, dans le français de formation primitive et populaire, produit l'adjectif *ferme*. Conformément à l'analogie qui a fait fléchir l'*i* latin de firmus en *e* français ferme, le verbe latin *affirmare* a donné en vieux français *affermer*.

Il n'y a point d'autre plus noble, ny plus forte et plus excellente cause et puissance qui peust destruire et abolir la *divination*, si elle estoit œuvre de Dieu.

(Amyot, *Œuvres morales de Plutarque, Des oracles qui ont cessé*, XIV.)

Aussi faut-il penser que la *divination* parloit lors par plus d'organes et de voix. (*Ibid.* XV.)

Divinatio, tionis, *devinement*, prediction des choses à venir.

Guillelmi Morelli, *Thesorus vocum omnium latinarum*, 1632.)

Devinement, *devination* hæc auguratio, divinatio, etc.

(Monet, *Inventaire des deux langues françoise et latine*, 1636.)

Indouinatione, *divination* ou *devinement* (Nathanaël Duez, *Dictionnaire italien-français*, 1660.)

Devinement ne se trouve pas dans la première édition du Dictionnaire de l'Académie française publié en 1694 ; *divination* y figure seul.

Li antif judeu *aferment* que morz fud li einznez fiz Fénenne, quant nez fud Samuel ki fud fiz à la bonurée Anne.

(*Les quatre livres des Rois*, p. 6.)

Et pourtant on peult bien *affermer* que qui aime ce throne, comme maintenant fait avez, il aime la foy.

(Jean de Gerson, *Sermon prononcé le jour de l'Epiphanie* 1390; à la suite des *Origines litteraires de la France*, par Louis Moland, p. 404.)

On a dit *affermer* pour *affirmer* pendant tout le cours de l'ancienne langue, et même au XVIe siècle.

Ce qui aida grandement à faire croire le dire de la mère, laquelle *afferma* qu'elle avoit conceu les deux enfants (Romulus et Remus), du dieu Mars.

(Amyot, *Hommes illustres, Romulus*, 6.)

Clitemachus *affermait* n'avoir jamais sceu, par les escripts de Carneades, entendre de quelle opinion il estoit.

(Montaigne, *Essais*, liv. II, chap. xii, édit. Leclerc, t. III, p. 139.)

Et peu de gens faillent, notamment aux choses malaysées à persuader, d'*affermer* qu'ils l'ont vue...

(*Ibid.*. liv. III, chap. xi, t. V, p. 50.)

Les propos plus communs qu'il vous plaist m'affermer,
C'est que vous n'aimez rien ny ne pouvez aimer.

(Desportes, *Dione*, liv. II, 18; édit. Michiels, p. 79.)

Ce n'est qu'au XVIIe siècle qu'*affirmer* a supplanté *affermer*, sans doute pour établir une distinction entre *affermer*, donner à ferme et *affirmer*, assurer(1).

---

(1) Littré, *Dictionnaire de la langue française*, v° *Affirmer*.

Minor, *minorem* a donné en français primitif, *menre* ou *mendre* (moindre), pour le nominatif et *menor* ou *meneur* pour le régime.

Hennequin qui estoit et est deseagez, orphenes, pupilles et *menre* d'ans (annis minor).
(*Lettres de rémissions* de 1377; Ducange, v° *Aagiatus*.)

Li hoirs *moindres* d'aaige ne respond pas de heritege jusques il soit aaigies.
(*Ancienne coutume de Bourgogne*, art. 5.)

David demonstreit ke li trebuchemenz des plus granz soit voisdie (trahison, tromperie) des *menors*.
(*Livre de Job* à la suite des quatre livres des Rois p. 506.)

Si tot comme ele ot entendu
La reson du *frère meneur*.
(Rutebeuf, t. I, p. 262.)

... A esté trouvé que il seroit grand profit auzdis *meneurs*, se nous leur voulons donner aage, par quoyque il fussent hors de tutirie.
(*Charte de l'année* 1322, cité par Ducange, v° *Aagiatus*.)

Au XVe siècle, sous l'influence des savants, l'*e* de la première syllabe de meneur a été changé en *i* afin de rappeler l'*i* du primitif m*i*norem, et on a commencé à écrire et à prononcer m*i*neur. Au XVIe siècle la forme populaire meneur pour m*i*neur était tout à fait abandonnée et on ne rencontre plus dans les auteurs de cette époque le mot autrement écrit que m*i*neur.

On a dit autrefois *létanies* pour *litanies* (1).

---

(1) Du latin, *litaniæ*.

La première *létanie* en trois manières est appelée, en premier, *létanie* gregnour.....

(*Ancien codex manuscrit de saint Victor de Paris*, cité par Ducange, v° *Litaniæ*.)

Chantz tous divins et sainctes *letanies*.

(Charles Fontaine, *les Ruisseaux, poésies*. Lyon, 1555, page 240.)

Cette forme a été en usage jusqu'au XVIIe siècle.

Dans l'ancien français, les mots *desciple* et *descipline*, de formation populaire, *disciple* et *discipline*, de formation savante, dérivés de *discipulus* et de *disciplina*, étaient également employés.

Pylates commanda et dist,
En quel liu que on le meist,
Par nuit et par jour le gueitassent,
Que si *deciple* ne l'emblassent.

(*Roman du Saint-Graal*, publié par Francisque Michel, v. 583.)

Parmi cez choses entendet cil ki alcune foiz sent droitement par com grant humiliteit li *disciples* doit parleir à son maistre, se il li maistres des païens proieuet si humlement ses *disciples* de ce ke il par auctoriteit lur precheiuet.

(*Livre de Job*, à la suite du livre des Rois, p. 476.)

Encor viendra tout à tens l'eure
Que li maufé (diables) noir comme meure
Les tendront en lor *desciplines!*

(Œuvres de Rutebeuf, édit. Jubinal, t. I, p. 109.)

Aussi te di que le cop besse
Por recevoir la *descepline*
De componcion enterine.

(*Ibid.* t. II, p. 212.)

E la tue *discipline* castiat mei e la tue *discipline* mei enseignerat. (*Liber psalmorum*, p. 20, XIIe siècle.)

Toutefois dès le XIVe siècle les formes savantes *disciple* et *discipline* avaient prévalu et l'orthographe de ces mots n'a plus varié.

On rencontre dans l'ancien français les deux formes *diligent* et *déligent*.

Car par ce en seront-ils plus *diligens*.
(*Le Ménagier de Paris*, t. II, p. 62 et 63.)

Soient les maistres *deligens* de veoir les tiltres et enquerir de leurs possessions. (Ordonnance de Charles VI, sur les eaux et forêts, du 1er mars 1388 dans la Collection des ordonnances des rois de France, t. VII, p. 776, § 29.)

Si la forme populaire *déligent* a cessé de figurer dans l'écriture dès le XVe siècle pour faire place à la forme savante *diligent*, cependant l'usage de prononcer *déligent* a persisté longtemps; il existait encore au XVIIe siècle, comme nous l'apprend Mlle Buffet dans les termes suivants : « Bien des gens de province disent : il est déligent et déligenter les affaires ; il faut dire : diligent et diligenter les affaires, en faisant sonner l'*i*. » (Nouvelles observations sur la langue française, 1668, p. 33 et 135.)

Mlle Buffet remarque aussi que de son temps certaines personnes parlant bien conservaient encore la vicieuse habitude de prononcer *rédicule* et *rédiculement* au lieu de *ridicule* et *ridiculement*. (*Ibid.*, p. 49.)

L'Académie française, dans la dernière édition de son Dictionnaire publiée en 1835 a adopté le mot *éré-*

sipèle en faisant observer qu'on disait autrefois *érysipèle*, ce qui était conforme à l'étymologie (ερυσίπελας.) C'est à l'influence de la prononciation vulgaire de ce mot qu'il faut attribuer le motif qui a pu déterminer l'Académie à adopter une orthographe qu'elle reconnaît vicieuse. Tous les dictionnaires modernes, littéraires ou scientifiques, protestent contre ce choix singulier.

Le Dictionnaire de l'Académie autorise l'emploi de la forme populaire *gérofle;* en effet, au mot *girofle* le Dictionnaire s'exprime ainsi : « plusieurs écrivent et disent *gérofle.* »

Carina a donné en bas latin *carENA* et en français primitif *carENE*. Au XVIe siècle, les savants, pour conformer le mot à l'orthographe latine de car*i*na, avaient changé en *i* l'*e* de car*e*ne et écrivaient car*i*ne. C'est sous cette forme que ce mot se trouve dans Robert Estienne (1) et dans Calpin (2). Nicot (3) et Cotgrave (4) donnent *carine* ou *carene*, Guillaume Morel (5) *carine*, Natanaël Duez (6) *carene*. Depuis le milieu du XVIIe siècle, cette dernière forme, c'est-à-dire la forme populaire, est la seule que l'on rencontre et l'orthographe de ce mot n'a plus varié.

---

(1) *Dictionnaire françois-latin*, 1539.
(2) *Ambrosii Calpini dictionnarium*, v° *Carina*, Lugduni, 1578.
(3) *Thresor de la langue françoise ancienne et moderne*, 1606.
(4) *Dictionnaire françois-anglois*, 1611.
(5) *Thesaurus vocum omnium latinarum*, 1622.
(6) *Dictionnaire françois-italien*, 2e partie, 1659.

Ainsi, comme on peut le remarquer par les exemples que nous venons de donner des mots *affirmer, mineur, litanies, disciple, discipline, diligent*, l'influence de la prononciation populaire qui au commencement de notre langue avait fait fléchir l'*i* des primitifs latins en *e* français ne s'est manifestée sur la forme de ces mots que lors de leur première formation. Ces mots, refaits par les savants, n'ont plus varié dans leur orthographe.

§ III. — De la permutation de la voyelle *e* en *i*.

Quelquefois, le peuple change dans la prononciation de certains mots *e* en *i* ; il dit, par exemple :

R*i*mouleur	pour	r*é*mouleur;
R*i*moulade	—	r*é*moulade;
M*i*lisse (eau de)	—	m*é*lisse;
L*i*cher	—	l*é*cher;
L*i*cheur	—	l*é*cheur;
L*i*chefrite	—	l*é*chefrite, etc.

Ici encore c'est au souvenir des anciennes habitudes de notre langue primitive qu'il faut attribuer cette tendance populaire à substituer, dans le cas que nous indiquons, une voyelle à une autre, En effet l'*e* de certains primitifs latins est devenu *i* en passant dans l'ancien français de formation populaire. Ainsi :

C*e*ra	a donné en vieux français	c*i*re;
*E*bur	—	*i*voire;
*E*brius	—	*i*vre;
D*e*cem	—	d*i*x;
S*e*x	—	s*i*x;
Merc*e*dem	—	merc*i*;
Tap*e*tum	—	tap*i*s;

*E*cclesia — égl*i*se;
*T*emonem — t*i*mon;
Ven*e*tia — Ven*i*se;
Alesia — Al*i*se, etc.

Lécheur (1) avait deux formes en ancien français, l'une pour le nominatif *lechierres*, l'autre pour le régime *lecheor*. Ce mot avait aussi plusieurs sens et signifiait gourmand, parasite, libertin, galant, amant.

Li *lechierres* fresmist et tranble,
De lecherie esprent et art.
(*Roman du Renart*, t. I, p. 41, v. 1054.)

Tant ert delicieus *lechierres*
Tant ot les volatiles chieres.
(*Roman de la Rose*, édit. Méon, t. III, p. 262, v. 20365.)

Mais moult nos menti *li lecières.*
(*Partonopeus de Blois*, t. I, p. 86, v. 2495.)

Li *lechierres* s'en vout fuïr
Mes n'out par où...
(*Chastoiement d'un père à son fils*, VIII, 30.)

Poor ont, s'en la chambre entrast,
Que son *lecheor* n'i trovast.
(*Ibid.*, VIII, 43.)

Où tuit s'esteient assemblé
Li *lechéor* de la cité.
(*Ibid.*, VI, 5.)

---

(1) Dérivé du bas latin *lecator*, *lecatorem*. « *Lecator*, leccator, catillo, scurra, Gallis (olim) *lichard*... Gloss. Isidori : *leccator*, gulosus (Alibi leno, *lecator*, mediator). Ungutio : scurra, *lecator*, vaniloquus. Brito, in synon :
Est epulo, scurra, leccator vel parasitus. »
(Ducange, v° *Lecator*.)

Quant près furent de la maison,
Si oïrent une chançon
Que un des *lecheors* chantout.

(*Ibid.*, VI, 19.)

Fil à putain, *licheor* pautonier,
Onkes mon peire, Dans Harnaus le guerrier,
Ne servit onkes de si povre mestier.

(*Roman de Gerard de Vienne,* à la suite de celui de Fierabras en provençal, p. 166, publié par Immanuel Bekker, sous le titre : *Der roman von Fierabras, provenzalisch.* Berlin, 1829.)

Et le proudom mist main à un coutel ou à aucune armeure et ocist ambedeux, ce est sa femme et son *lechour*.

(*Assises de Jérusalem*, édit. Beugnot, t. II, p. 218.)

Mais vers le XIVe siècle, la déclinaison à deux cas qui existait dans l'ancien français, étant tombée en désuétude, il n'était resté de ces deux formes *léchierres* et *lécheor, licheor* ou *lécheur* que cette dernière, celle du cas régime :

Qui fiert de puing ou de paume aucun qui est de commune, se n'est glouton ou *lecheeur*, etc.

(Aveu de l'année 1302, cité par Ducange, v° *Lecator*.)

Cependant peu à peu le mot *lécheur* a cessé d'être écrit. On ne le voit figurer dans les dictionnaires du XVIe siècle non plus que dans les diverses éditions du Dictionnaire de l'Académie française. Quoi qu'il en soit, ce mot rayé de la langue écrite s'est conservé dans le langage populaire, où l'on retrouve tant d'expressions qui appartiennent à l'ancien fonds de notre langue, au français de première formation. Ainsi, le mot *licheur*, de forme et d'origine plébéienne, garde dans le langage du peuple son sens primitif de *gulosus* et sert à désigner celui qui aime à manger et à boire.

Dès les temps anciens de la langue, on rencontre la forme *lecher* (1).

A cel lieu que chiens *lechierent* le sang Naboth, il *lecherunt* le tuen.

(*Les quatre livres des Rois*, p. 332.)

Mès à tel morsel istel *leche*,
Chaz (chat) set bien quel barbes il *leche*.

(*Roman du Renart*, édit. Méon, t. I, p. 320, v. 8577.)

Au XVIe siècle on trouve les deux formes *lecher* et *licher*, mais plus souvent cette dernière.

Lambo, lambere, *lécher*; lingo, lingere, *lécher*; delingo, delingere, *lécher*, mettre la langue sur aulcune chose (*Epitoma vocabulorum a Guilelmo monacho de Villadei*, 1529.)

De cent membres et visages qu'a chasque chose, j'en prends un, tantost à *leicher* seulement, tantost à efflorer et quelquefois à pincer jusqu'à l'os.

(Montaigne, *Essais*, liv. I, chap. L.)

Licher, lingere, delingere, lambere. *Licher* tout entour, circumlambere.

(Robert Estienne, *Dic. fr.-latin*, 1539.)

Et tous les poissons lubriques, comme anguilles, congres, lamproies, ainsi nommés vulgairement parce qu'ils *lichent* les pierres.

(*Traité de l'Entretennement de santé*, traduit en 1553 par Prosper Calonius, cité dans le *Glossaire du centre de la France*, par le comte Jaubert.)

---

(1) De l'ancien haut allemand *lecchôn*, en allemand moderne *lecken*.

. . . . Alors le flot qui voit
Que le bord luy fait place, en glissant la reçoit
Au giron de la terre, appaise son courage
Et, la *lichant*, se joue à l'entour du rivage.

(Ronsard.)

Cette coupe tant riche
Couronne en ce ruisseau
Que le saint troupeau *liche*,
Puis d'une main non chiche
Vient epandre cette eau.

(Charles Fontaine, *Les ruisseaux*, ode XI, édit. de Lyon, 1555, p. 147.)

Delingo, *lecher*. — Lambo, lapper comme font les chiens en beuvant, *licher*. — Lingo, *licher*, succer.

(*Ambrosii Calpini dictionarium, Lugduni*, 1578.)

Et si je t'asseure bien que j'aymerois encores mieux ne manger que des choux et *licher* deux grains de sel avecques Diogène.

(*Les Dialogues de Jaques Tahureau*, édit. de 1583, f° 152 verso.)

Au commencement du XVIIe siècle on écrivait indistinctement *licher* et *lécher*.

Nicot enregistre *lécher, leicher* et *licher*. Il paraît accorder la préférence à cette dernière forme, car dans tous les exemples qu'il donne il se sert de *licher*. (*Thresor de la langue françoise tant ancienne que moderne*, 1606.)

Guillaume Morel emploie les deux formes *lecher* et *licher* :

Delingo *leicher*. — Lambo, lapper comme font les chiens en beuvant ou *licher*. — Se lambentes, se *leichants*. — Ursæ pariunt informem carnem, quam lambendo paulatim figurant. Leur façon est comme un morceau de chair sans forme ne figure, laquelle par après petit à petit en la *lechant* de leur langue ils forment et façonnent. — Lingo, *licher*, succer. — Linctus, *lichement* ou succement. Multi tussim veterem linctu salis discussere, *leichant* ou succant du sel.

(*Guillelmi Morelli Thesorus vocum omnium latinarum*, 1622.)

Cotgrave (*Dict.* françois-anglois, 1636) indique *lecher* et *licher*.

Mais vers le milieu du XVIIe siècle, *licher* avait cessé d'être en usage dans l'écriture, et on ne se servait plus que de *lécher* écrit *lescher*. C'est sous cette forme que ce verbe figure dans le Dictionnaire de Furetière imprimé en 1690, et dans la première édition du Dictionnaire de l'Académie française publiée en 1694.

On lit *lécher* dans la seconde édition du même Dictionnaire publiée en 1718. Depuis cette époque, l'orthographe de *lécher* n'a plus varié.

Comme on le voit, la lutte a été longue entre les deux formes du verbe dont nous venons de tracer l'historique. En effet, la forme savante *lécher*, que l'on rencontre d'abord seule dans les plus anciens textes de la langue, a été supplantée plus tard par la forme populaire *licher* devenue prépondérante au XVIe siècle. Mais au XVIIe siècle, la forme savante *lécher* a repris l'avantage et est restée désormais seule en possession de l'orthographe. Bannie de l'écriture, la forme populaire *licher* a continué et continue d'être d'un usage ordinaire et habituel dans la prononciation du peuple.

§ IV. — De la permutation de la consonne *l* en *n*.

Dans la prononciation de certains mots, les gens du peuple substituent quelquefois une consonne à une autre. Ainsi ils changent *l* en *n* et disent par exemple :

*N*entille (1)	au lieu de	*L*entille.
Li*n*as	—	Li*l*as.
Ca*n*eçon (2)	—	Ca*l*eçon.

Cette permutation de la consonne *l* en *n* est un souvenir des habitudes anciennes et populaires de notre langue d'après lesquelles la liquide *l* latine devenait *n* en français.

Libella, diminutif de *libra,* balance, a donné en français d'origine *livel, liveau,* forme savante, et *nivel, niveau,* forme populaire.

Qui ne commence son euvre sur affection vertueuse, et ne la conduit au *liveau* et sous la mesure de raison, semble à celui qui edifie sur faux fondement.
(Alain Chartier, édit. 1617, p. 298.)

Niveau.
(Robert Estienne, *Dictionnaire françois-latin,* 1539.)

---

(1) Au XVIIe siècle, la prononciation populaire *nentille* était en lutte avec la prononciation grammaticale *lentille.* Ménage (*Observations sur la langue françoise,* t. I, p. 472), préférait *nentille* à *lentille* : « Il faut dire de la poirée et des nentilles avecque les Parisiens et non pas des bettes ny des lentilles avec les Angevins. »

Mlle Buffet (*Nouvelles observations sur la langue françoise,* 1668, p. 130) s'exprime ainsi : « Plusieurs prononcent *nentille,* il faut dire *lentille.* »

Ce mot dérive de *linticula,* diminutif de *lens, lentis,* lentille.

(2) Mlle Buffet (p. 134) signale comme existant de son temps le vicieux usage de prononcer *caneçon* pour *caleçon.*

Liveau.

(Nicot, *Thresor de la langue françoise ancienne et moderne,* 1606.)

Liveau ou *niveau.*

(Cotgrave, *Dictionnaire anglois-françois,* 1611.)

Liveau, niveau, livello.

(Nathanael Duez, *Dic. italien-françois,* 2e partie, 1659.)

Colucula, bas latin, diminutif de *colus*, a formé *coloigne, connoille, quenouille.*

Et lors quant ladite Jehane oy ces paroles, prist sa *coloigne* et en feri le suppliant trois coups sur la teste. (*Lettres de remission de* 1358, citées par Ducange, v° *Conucula.*)

Et estoit le descort pour ce que Richart Goubin avoit donné à Thomas Picot d'une *connoille* à femme sur la teste. (*Lettres de remission de* 1412, citées *ibid.*)

Posterula a donné en ancien français *posterle, posterne, poterne.*

Par la *posterle* s'en ist isnellement.

(Roman de Girard de Vienne, cité dans Ducange, v° *Posterula.*)

Tant li mainne une fosse voie,
K'il vinsent à une *posterne*
Ki estoit jouste une cisterne.

(*Roman de la Violette,* v. 2602.)

E porra les murs de la ville parchier ou faire parchier et faire une *posterne,* pur isser (sortir) de son manoir. (Rymer, année 1281, t. II, p. 171.)

Margila (1) ou *marla* (bas latin) avait d'abord donné

(1) Dérivé de *marga*, mot latin que Pline cite comme étant d'origine gauloise : « Alia est ratio, quam Bristannia et Gallia invenere alendi eam

en ancien français *marle, merle;* puis sous l'influence de la prononciation populaire *l* est devenu *n*, et le mot mar*l*e s'est changé en mar*n*e (1).

§ V. — De la permutation de la consonne *n* en *l*.

De même que, dans la prononciation de certains mots, le peuple change *l* en *n*, de même aussi il change *n* en *l*; par exemple, il prononce :

Ca*l*onier	au lieu de	ca*n*onnier;
Esqui*l*ancie	—	esqui*n*ancie;
*L*uméro (2)	—	*n*uméro;
Ve*l*in	—	ve*n*in;
Ve*l*imeux	—	ve*n*imeux;
Enve*l*imer	—	enve*n*imer, etc.

Ce mode de prononciation populaire se rattache au système de formation primitive de notre langue. En effet, dans le passage du latin au français originaire, la nasale *n* des primitifs latins s'est changée en la linguale *l*. Par exemple :

Ve*n*enum	a donné en vieux français	ve*l*in;
Bo*n*onia	—	Bo*l*ogne;
Castellum-*N*antonis	—	Château-*L*andon;
Pa*n*erma	—	Pa*l*erme;
Rusci*n*ionem	—	Roussil*l*on, etc.

---

ipsam : quod genus vocant *margam,* » (*Plinii secundi nat. hist. lib.* XVII, 4, 6.

(1) *Marle* pour *marne* se dit encore dans les patois de la Picardie et de la Flandre.

(2) Dans les patois de la Picardie et de la Flandre, on dit *liméro* pour *numéro*.

Quels graces puis-je rendre de la salveteit de mon airme (âme) à celui ki lo *velin* de détraction me mat devant ? (*Sermons de saint Bernard* à la suite du livre des Rois publié par Leroux de Lincy, p. 557.)

Il fut mentieres (menteur) quant il dist kil semblanz seroit al Haltisme, et peires (père) fu de la menzonge, quand il l'*envelimeie* semence de sa falseteit gittat (jeta) assi (aussi) en l'omme, quand il dist qu'il seroit si cum Deu.
(*Ibid.*, p. 523.)

Le *Venin* et l'infection de civile discorde fut ordonné de Dieu pour reprimer l'orgueil des haultesses mondaines.
(Alain Chartier, p. 323.)

La forme populaire ve*l*in, ve*l*imeux, enve*l*imer a été remplacée de bonne heure dans notre langue par la forme savante ve*n*in, ve*n*imeux, enve*n*imer, et dès le XIIIe siècle on ne rencontre guère ces mots écrits autrement que de cette dernière façon.

Serpent sont de maintes generacions; tant come il sont devisé de manières, ont il diverses natures; mais generaument tuit serpent sont de froide nature, ne ne fierent se il ne s'eschaufent; et por ce nuit li *venins* d'eulx plus de jor que de nuit; car doutens de nuit se refroident en eulx tout coiement por la froidor de la rousée, et tout yver se gisent en lor niz, et en esté s'en issent; et tuit *venin* son froit.
(Brunetto Latini, *li Livre dou tresor*, p. 190.)

Aspides (aspic) est une manière de *venimeux* serpent qui ocist home de ses denz.
(*Ibid.*, p. 191.)

La boucle d'une pierre fu
Qui ot grant force et grant vertu :
Car cis qui sor soi la portoit,
Nes uns (aucun) *venins* ne redotoit,
Nus nel' pooit *envenimer*,
Moult faisoit la pierre à aimer.
(*Roman de la Rose*, édit. Méon, t. I, p. 44, v. 1075.)

Celui qui est en colère et qui le dit est préférable au *traditor* qui cache son *venin* sous de belles et douces apparences.

(Madame de Sévigné, lettre à Mme de Grignan, du 12 janvier 1676, édit. Monmerqué, 1866, t. IV, p. 335.)

Il importe de remarquer que si la forme savante a prévalu dans l'écriture, la forme populaire a continué de rester longtemps dans la prononciation (1). Au XVIIe siècle l'usage vicieux de prononcer *velin* pour *venin* existait encore. C'est ce que nous apprend Mlle Marguerite Buffet, qui s'exprime en ces termes : « Plusieurs disent c'est du velin, cela est velimeux ; il faut prononcer du venin et aussi venimeux. » (*Nouvelles observations sur la langue françoise*, publiées en 1668, p. 137.)

Parlons du mot *orphelin*, qui rentre essentiellement dans le sujet de cette étude.

Ce mot dans l'ancien français se présente sous les formes *orphe*, *orphene*, *orphenin*, *orphelin*.

Orphe et *orphene* dérivent directement du latin *orphanus*.

Amis, dist le roïne, on vous respondera :
Fedris premierement me fille point n'ara,
Car Savaris, sez frere, le sien pere enerba,
Le fort rois Loays, dont *orphe* demoura.

(*Hugues Capet*, chanson de geste, publiée par le marquis Lagrange, p. 90, v. 1923.)

Li doiens et li capitles devant dit n'obligent mie à taille

(1) En Normandie et en Champagne on dit *velin* pour *venin*.

païer clercs, ne veves, ne croisiés, ne *orfenes* ki mainent sour le terre S. Pierre.

(Charte de l'année 1267, citée par Ducange, v° *Orphanus.*)

Orphenin et *orphelin* proviennent d'un mot latin factice *orphaninus* dérivé d'*orphanus* : *orphenin* est la forme savante, *orphelin* la forme populaire.

A la vedue (veuve) e as *orphanins.*

(*Lois de Guillaume le Conquérant,* IX.)

L'autre de follir ne refine
L'autre est de foilles *orphenine*
(L'autre ne cesse de se garnir de feuilles
L'autre de feuilles est orpheline).

(Roman de la Rose, édit. Méon, t. II, p. 90, v. 5976.)

El (si) jugement de nostre déboneireté est empêtrez contre *orphelins,* encontre veves... Et se li *orfelin,* ou veves requierent nostre jugement...

(*Le conseil de Pierre de Fontaines,* édit. Marnier, p. 360 et 361.)

Si que li regnes *orfelins*
En fu plus riches par mulz ans.

(*Chronique des ducs de Normandie,* v. 32649.)

De toutes parts les chasteaux sont habitez de veufves esplourées ou desolées femmes de prisonniers et sont les seigneuries en mains d'enfans et d'*orphenins.*

(Alain Chartier, édit. de 1617, in-4°, p. 323.)

Orphanus, a, um, qui est privé de père ou de mère, *orphelin.*

(*Epithoma vocabulorum* a Guilelmo monacho a Villa Dei, 1529.)

Orfelin, orphanus.

(Robert Estienne, *Dict. fr.-latin,* 1539; Jehan Thierry, *Dict. lat.* 1564.)

Gaius Martius... estant demouré *orphelin* de son père, fut nourry soubs sa mere veufve, et feit voir par experience, que l'orphelinage apporte bien d'autres incommoditez à un enfant, mais qu'il ne l'empesche point d'estre homme de bien et de vertu excellente par dessus le commun.

(Amyot, *Hommes illustres, Coriolanus*, 1.)

Orphelin ou *orphenin*.

(Nicot, *Tresor de la langue françoise ancienne et moderne*, 1606.)

Orfenin, *orfelin* ou *orphelin*.

(Cotgrave, *Dictionnaire françois-anglois*, 1611.)

Dans les premières années du XVIIe siècle on se servait encore des deux formes *orphelin* et *orphenin*, mais plus rarement de cette dernière. Enfin, vers le milieu de ce siècle, la forme savante *orphenin* avait entièrement disparu de l'orthographe, et depuis cette époque la forme populaire *orphelin* est seule restée en usage tant dans l'écriture que dans la prononciation.

Ce mot *orphelin* nous offre un exemple remarquable de l'influence de la prononciation populaire sur l'orthographe. En effet, la tendance qui porte le peuple à changer dans certains mots la nasale *n* en la liquide *l* s'est manifestée fort anciennement sur le vocable qui nous occupe. Ce mot, introduit sous la forme savante *orphenin* et bientôt oblitéré par la prononciation populaire, a fini par changer dans l'écriture sa consonne *n* en *l* et par produire le mot *orphelin* que nous avons conservé, dans notre orthographe, sous sa forme populaire.

CHAPITRE III.

DES ADDITIONS DE LETTRES.

§ Ier. — De l'addition au commencement du mot ou prosthèse

Les gens du peuple ont pour habitude d'ajouter un *e* à la prononciation des mots qui commencent par les consonnes *sc, sp, st*. Ainsi ils disent *esquelette, espatule, estatue, estation,* fièvre *escarlatine*, etc., pour *squelette, spatule, statue,* fièvre *scarlatine*. Cette prosthèse de l'*e*, qui a pour effet d'adoucir l'articulation de la consonne composée, en la dédoublant, augmente le mot d'une syllabe. Ainsi *squelette* a trois syllabes et *esquelette* en a quatre. Cette syllabe initiale *es*, formée par addition d'un *e* euphonique placé devant la consonne *s*, ne doit pas être confondue avec le préfixe *es* dont nous avons parlé précédemment (1). En effet, le préfixe *es* dérive du latin *ex*, tandis que la syllabe initiale *es*, dont nous nous occupons ici, provient de la prosthèse de l'*e* qui s'est joint à la consonne initiale *s*.

La prosthèse de l'*e* remonte au temps de la formation primitive et populaire de la langue française ; c'est une règle générale à laquelle sont assujettis tous les anciens mots français dérivés de primitifs latins ou de toute autre langue étrangère qui commencent par la double consonne *sc, sp, st*. Voici des exemples :

---

(1) Voy. p. 52.

*Sc*abellum a donné en ancien français *es*cabeau;
*Sc*ientem — *es*cient;
*Sc*ala — *es*chelle;
*Sc*alarium — *es*calier;
*Sc*orpionem — *es*corpion (1);
*Sc*ribere — *es*crire;
*Sc*rinum — *es*crin;
*Sc*utum — *es*cu;
*Sp*arsus — *es*pars;
*Sp*atha — *es*pée;
*Sp*athula — *es*paule;
*Sp*atium — *es*pace;
*Sp*ecies — *es*pèce;
*Sp*elta — *es*peautre;
*Sp*erare — *es*pérer;
*Sp*ica — *es*pi;
*Sp*ina — *es*pine;
*Sp*iritus — *es*prit;
*Sp*issus — *es*pais;
*Sp*onsare — *es*pouser;
*Sp*onsus — *es*poux;
*Sp*onsa — *es*pouse;
*St*abilis — *es*table (2);

---

(1) *Escorpion*, serpent et guivre
L'ont assailli

(*Rutebeuf*, t. I, p. 83.)

Escorpions est apelez porce que il laidit les mains de l'ome qui le prent.

(Brunetto Latini, *li Livres dou tresor*, p. 183.)

La cendre de vigne purge et guerit fistules en bref temps, et adoulcist la douleur des nerfz et remect à point ceulx qui sont contraitz et avec l'huile guerist morsure de chiens et d'*escorpions*.

(Pierre des Crescens, *le Bon Mesnaiger*, liv. IV, ch. I, 1540, fol. 37, verso.)

(2) E ore ai fait temple e à tun uès ù tu purras, si tes plaisirs est, habiter en sied *estable* parmanablement.

(*Les Quatre livres des Rois*, p. 259.)

*St*abilitatem	—	*es*tableté (1);
*St*abulum	—	*es*table (étable);
*St*agnum	—	*es*tang;
*St*annum	—	*es*tain;
*Sta*tum	—	*es*tat;
*St*ella	—	*es*toile;
*St*ernuere	—	*es*ternuer;
*St*omachus	—	*es*tomac;
*St*rictus	—	*es*troit;
*St*uba (bas latin)	—	*es*tuve;
*St*uppa	—	*es*toupe;
*St*uppare (bas latin)	—	*es*touper (2);

Quelques-uns de ces mots ont perdu l'*e* initial qu'ils avaient au temps de la formation primitive. Ainsi *es-*

Li François furent plus *estable.*

(*Chronique rimée de Philippe Mouskes*, v. 7105.)

Fortune, trop par es muable,
Tu ne pues estre un jor *estable*,
Nus ne se doit en toi fier.

(*Le Roman de Brut*, t. I, p. 92, v. 1965.)

Combien qu'ilz sont saiges, honnestes
Et que leurs ditz sont veritables
Et leurs enseignemens *estables.*

(*La Vie et l'Histoire du Mauvais Riche*, ancien Théâtre françois, édit. Jannet, t. III, p. 298.)

(1) Qui en lui cuide *estableté*
Jou le tieng bien fol prové.

(*Floire et Blanceflor*, édit. Jannet, p. 93, v. 2261.)

(2) Les changements opérés dans la prononciation de plusieurs de ces mots leur ont fait subir une modification orthographique surtout depuis le XVIIIe siècle. La consonne *s* de la première syllabe a été retranchée, et cette suppression est indiquée par l'accent aigu qui figure sur l'*é* initial.

A partir de la 3e édition du Dict. de l'Académie française (1740), l'*s* de tous les mots dans lesquels cette lettre ne se prononce pas, a été supprimée. Par exemple, on lit *écrire* au lieu d'*escrire*, qui se trouvait dans les éditions précédentes.

corpion, *es*table, *es*tableté sont devenus au XVIe siècle *sc*orpion, *st*able, *st*abilité.

Il importe aussi de remarquer que, dès le XVe siècle et même avant cette époque (1), les mots dérivés du latin et commençant par la double consonne *sc, sp, st,* ont été, sous l'influence des savants, introduits dans notre langue, sans addition de l'*e* euphonique : par exemple *sterilis* a donné directement *stérile, spectatorem, spectateur,* etc. D'un autre côté, il est arrivé que certains mots de la même famille ont perdu l'*e* initial qu'ils possédaient à l'origine, tandis que le radical a conservé cette voyelle. Ainsi on a dit dans l'ancien français *espèce, especial, especialement.*

De totes cez choses avoit en ciel grant habondance, mais la poverteit n'i pooit-om atroveir; en terre habondevet ceste *espèce*, et si sorhabondevet, mais l'hom ne savoit mies cum grant préis il estoit. Cette *espèce* encuvit li Fils de Deu, et si dexendit por ceu qu'il à sun uès l'esleisit.

(*Sermons de saint Bernard*, p. 533.)

... Que vous le devant dit homage vueilliez receivoir per son procureur *especial.* (Année 1278; Rymer, *Fœdera, conventiones, litteræ,* t. II, p. 122.)

Qu'il te garde e deffende de tous maulx, par *especial* de mourir en peschié mortel.

(Joinville.)

Vez-ci les cas *especiaux.*

(*Roman de la Rose*, t. II, p. 352, v. 11633.)

---

(1) Deus del soleire vendra..., La *splandur* de lui sicume lumière serad (*Ancienne traduction de psaumes,* XIIe siècle) — Par iror est la *splendors* de saint Esprit fors esclose. (*Livre de Job,* p. 513.)

L'ung de ses *especiaulx* amis de court.

(*Le petit Jehan de Saintré*, édit. Guichard, p. 239.)

Mais se vous sçavez qu'elle soit à mon dommaige, *especiallement* contre le saulvement de mon ame, véuillez moy oster le desir que j'en ay.

(*Le Livre de l'internelle consolation*, édit. Jannet, p. 91.)

La nouvelle de ceste bataille fust en brief temps partout sçeue et *especialement* à la court du roi d'Angleterre.

(*Le petit Jehan de Saintré*, p. 173.)

Lors la reconforta au mieulx qu'elle peut, *especialement* qu'elle seroit tantost guérie.

(*Ibid.*, p. 225.)

On a conservé *espèce* sans rien changer à la forme ancienne de ce mot ; mais au XVIe siècle on a supprimé l'*e* initial des mots *especial*, *especialement*, et pour se rapprocher davantage du primitif latin, on a écrit *spécial, spécialement*.

Special, *specialement*. Veu principalement ou *specialement* qu'il, etc.

(Robert Estienne, *Dic. fr.-latin*, 1539). — Specialis, *special*, speciatim, *specialement*. (*Ambrosii Calpini Dictionarium*, 1534.)

Les faits de ce genre sont assez fréquents dans l'histoire des mots de notre langue. Citons encore *esprit* et *spirituel*. Ce dernier mot dans l'ancien français était précédé d'un *e* euphonique qu'il a perdu dans la langue moderne.

Soit sainz Johans, martres en ayen les engeles, car cil si cum *esperitels* creatures conurent plus certement les *esperitels* signes de sa dévotion.

(*Sermons de saint Bernard*, p. 543.)

Ils chantoient un chant itel
Cum s'il fussent *esperitel.*
(*Roman de la Rose*, t. I, p. 28, v. 666.)

Le proffit ou mérite de la personne n'est pas à estimer se il a souvent telles visitacions et consolacions *espirituelles.*
(*Le Livre de l'internelle consolation,* édit. Jannet, p. 74.)

... Et de gens de tous aultres estats, et religieuses *espirituelles* et temporelles.
(*Le petit Jehan de Saintré,* p. 274.)

On a dit *esquelette* pour *squelette.*

Monet enregistre ce mot sous les deux formes suivantes :

Esquelete, squelete, mot tiré du grec Σκελετος, qui veut dire desseché, aride : arefactus, aridus, exsuccus, a, um. Corps aride, Σκελετον σῶμα. Corpus aridum, arefactum, exsuccum. *Esquelete, squelete,* entière tissure des os decharnez et dessechez de l'animal, tenus sur pied, dans une chasse, pour remarquer la figure, assiette, liaison, et mouvement de chaque os, en détail. Crates ossea, Crates ossaria..... *Tu me semble mieux une Esquelete qu'un homme vivant* .... Pour tenir en pied et rendre mobile à tous sens l'*esquelete,* on luy passe par le crane et par les vertèbres du dos, une vergete de fer, tenant en haut et au bas de la chasse ou armoire.
(Monet, *Abrégé du parallèle des langues françoise et latine,* 5e édit., 1635.)

Toutes les éditions du Dictionnaire de l'Académie française (1694 à 1835) portent *squelette* et donnent à ce mot le genre masculin.

Escadron, dérivé de l'italien *squadrone,* au XVIe siècle s'écrivait *scadron* et *escadron;* mais la forme populaire *escadron* a prévalu et nous est restée.

La prosthèse de l'*e* qui précède la double consonne *sc, sp, st,* comme nous l'avons dit au commencement de ce paragraphe, est une forme primitive et populaire de notre langue. Cette prosthèse a été en usage tant que les mots dérivés du latin ou de toute autre langue étrangère sont devenus français par voie de transformation populaire. L'influence de cette habitude traditionnelle s'est manifestée sur la forme des mots de cette classe jusqu'au XVIe siècle. En effet, depuis cette époque la prosthèse de l'*e* euphonique n'a plus été admise dans l'orthographe, et l'usage de cette forme populaire a été désormais sans influence sur l'écriture. On sait que c'est surtout depuis le XVIe siècle que les mots nouveaux, formés par les savants, sont entrés dans notre langue sans addition d'un *e* euphonique et en commençant par la double consonne *sc, sp, st.* Mais le peuple, fidèle gardien des traditions du passé en fait de langage, conserve ses habitudes de prononciation et même les introduit dans les modifications qu'il fait subir aux mots nouveaux qui se forment autour de lui. Ainsi, l'homme du peuple dit *escandale* pour *scandale,* ajoutant un *e* initial à la forme savante et grammaticale de ce mot; de même cette voyelle initiale se rencontre dans *esclandre,* vieux mot, qui appartient à l'ancien fonds de la langue primitive et populaire et qui dérive de *scandalum*, sur le thème duquel les érudits du XVIe siècle ont calqué *scandale.*

Le peuple dit *lévier* pour *évier* ; *mettez cette assiette sur le lévier,* au lieu de *mettez cette assiette sur l'évier.* Dans cette expression vicieuse et populaire, *lévier* pour *évier* (1), l'article représenté par *l'* devant la voyelle initiale du mot *évier* ne se trouvant point distingué du substantif auquel il est joint, a fini par être absorbé entièrement par ce substantif, de telle sorte que le peuple, en disant *le lévier*, emploie abusivement deux articles pour un, LE *l'évier*. Une erreur du même genre se fait remarquer chez les gens du peuple dans l'emploi du mot *hoquet*. En effet, sans tenir aucun compte du *h* aspiré qui est au commencement de ce mot, et unissant l'article au substantif, le peuple a transformé *le hoquet* en *l'oquet* et en est venu à dire *loquet* pour *hoquet : vous avez le loquet* au lieu de *vous avez le hoquet*.

Il est remarquable que plusieurs des mots les plus usuels de la langue française se sont ainsi formés par la prosthèse de l'article qui s'est joint au substantif : tel est par exemple le mot *lierre*, venu de l'ancien français *hierre*, qui, lui-même, se tirait immédiatement du latin *hedera*. On a dit *lierre* pour *l'hierre* ou pour *lierre*. (B. Jullien, *Cours supérieur de grammaire*, p. 54.)

---

(1) Du latin aquarium, de aqua, en ancien français *eve* ou *ewe*.

En Rencesvals ad une *ewe* courant.
(En Ronceveaux il est une eau courante.)

(*Chanson de Roland*, CLXVII, v. 2225, édit. Müller, p. 152.)

Dans le Roman de la Rose on rencontre les deux formes *iaue* et *eve*.

Parlant de Narcisse penché sur le bord de la fontaine, le poëte s'écrie : Vez quel douçor en l'*iaue* sent !

(*Roman de la Rose*, édit. Méon. t. III, p. 271, v. 20619.)

Car d'une sorce vient si haute
L'*eve*, qu'el ne peut faire faute.

(*Ibid.*, p. 274, v. 20690.)

La forme la plus ancienne de ce mot est *edre*.

Un *edre* sore sen cheue.
(Un lierre sur sa tête.)
(*Fragment d'une homélie sur le prophète Jonas*, IXe siècle.)

Au XVIe siècle on employait indistinctement *hierre* ou *lierre*.

Le chef environné de verdoyant *lierre*.
(J. Du Bellay, II, 64.)

Sus donq' qu'un autel on m'appreste
D'*hierre* à la racine velue.
(*Ibid.*, III, 42.)

... Un amitié molle et indiscrette en la quelle il advient ce qui se veoid au *lierre*, qu'il corrompt et ruyne la paroy qu'il accole.
(Montaigne, *Essais*, liv. III, ch. x.)

Philibert Morel, dans son *Thesorus vocum omnium latinarum* (1621), indique encore les deux formes *hierre* et *lierre* : « hedera, *hierre* ou *lierre*.—Hederaceus, cea, ceum, de *lierre*, ou fait d'*hierre*.—Hederosus, sa, sum, plein d'*hierre* ou de *lierre*, lierreux. »

Mais au temps de Vaugelas on ne se servait plus que de la forme *lierre*. « On a été longtemps que l'on disoit l'*hierre* pour *le lierre*, à cause que l'*e* et l'*a* de l'article masculin et du féminin se mangent, comme chacun sait, devant la voyelle du mot suivant; mais depuis on en a fait un seul mot *lierre*, et alors il a fallu lui donner un nouvel article et dire *le lierre*. » (Vaugelas, *Remarques*, t. III, p. 309.)

De même *aureŏlus*, de couleur d'or, donna d'abord

en ancien français *oriol* et avec l'article *l'oriol* dont on fit *loriot*, qui nous est resté.

C'estoit I dart dont li penon
Erent de penes d'*oriol.*

(*Tournoiement de l'Antéchrist*, Reims, 1851, p. 52, cité par de Chevalet, *Origine et formation de la langue française*, t. II, p. 128.)

Pareillement, du latin *uva* dérive, par un diminutif *uvette*, le mot *luette* avec agglutination de l'article, *l'uvette, luette*. L'italien a la forme diminutive *ugola* pour *uvola*.

Là quele uvule c'est *la luette.*

(H. de Mondeville, f° 18, *verso*, cité par Littré, *Dict. de la langue française*.)

Lendemain est le mot *demain* auquel on a ajouté successivement la préposition *en* et l'article *le;* ce qui a produit *l'endemain*, puis *lendemain* par agglutination de l'article *l'*. Au XIIe siècle on employait indistinctement *endemain* ou *demain* pour *lendemain*.

« *L'endemain* matin, cil de Azote truvèrent Dagon lur deu, ù adenz se giseit à terre, devant l'arche al alt Deu : sus le levèrent e à sun liu poserent. De rechief al *demain* truvèrent Dagon à terre, gisant devant l'arche; e les piedz le chief colpez li furent sur le suil. »

(*Les Quatre livres des Rois*, p. 17.)

« Cumque surrexissent diluculo Azotii altera die, ecce Dagon jacebat pronus in terra ante arcem Domini : et tulerunt Dagon, et restituerunt eum in locum suum. Rursumque mane die altera consurgentes invenerunt Dagon jacentem super faciem suam in terra coram arca Domini : caput autem Dagon et duæ palmæ manuum ejus abscissæ erant super limen. »

On désignait autrefois sous le nom *landit* ou *lendit*

une foire qui se tenait depuis l'année 1444 dans la ville de Saint-Denis, et, avant cette époque, dans un lieu appelé *Champ du landit*, entre cette ville et la Chapelle; cette foire célèbre s'ouvrait le mercredi avant la Saint-Barnabé (11 juin) et durait plusieurs jours. Le mot *lendit* est formé par la prosthèse de l'article *l'* qui s'est joint au substantif *endit*, dérivé du bas latin *indictum* foire, *feriæ indictæ*.

Se aucun frepier achate aucun garnement quel qu'il soit, en foire voisine séant, c'est à savoir à Saint-Germain-des-Prez, à la Saint-Ladre, au *lendit* et à Saint-Denis.
(Estienne Boileau, *Le livre des mestiers*, p. 201.)

Il doit de chascune charrète ij den. de rouage, du char iiij den. où qu'il veit, fors au *lendit;* mès pour mener-le au *lendit* ne à Saint-Germain-des-Prez, ne doit-il rien de rouage.
(*Ibid.*, p. 295.)

L'article, par corruption, s'étant incorporé au mot, il a fallu, comme le fait observer Vaugelas (*Remarques*, t. III, p. 308), lui donner un nouvel article et dire *le landit*.

Dans le mot *landier*, chenet, la consonne initiale *l* est aussi un effet de la réunion de l'article au substantif. Ce mot dérive du bas latin *anderius* qui a donné, en ancien français, *andier*.

Une payelle, ung *andier*, chascune pièce doit un denier.
(*Cartulaire de Corbie*, cité par Ducange, v° *Anderius.*)

Vray est que, en tyrant la broche de mon cors, je tumbe à terre près des *landiers*.
(Rabelais, *Pantagruel*, liv. III, ch. XIV.)

On a confondu également ensemble l'article arabe *al* et le substantif *coran,* lecture, leçon ; *kali,* soude ; *kaïd,* chef, juge ; et on en a fait *alcoran, alcali, alcade.* (De Chevallet, t. II, p. 127 et 128.) On trouve *algalife* pour *calife* dans la chanson de Roland.

Dist l'*algalifes :* « Mal nos avez baillit,
Que li Franceis asmastes à ferir...
(*Chanson de Roland,* XXXVI, v. 453, édit. Müller.)

La prosthèse de l'article qui s'est joint au mot lui-même dans *li*erre, *lo*riot, *lu*ette, *len*demain, *lan*dit et *lan*dier est due à l'influence du langage populaire. De la prononciation, cet usage vicieux a passé dans l'écriture et a produit l'emploi abusif d'un double article. Nous disons le lierre, la luette, etc.; au moyen âge on disait d'une manière plus correcte *l'ierre, l'uette,* etc.

§ II. — De l'addition dans le corps du mot ou épenthèse.

Nous avons parlé précédemment de l'*e* euphonique placé devant les mots dérivés de primitifs latins ou de toute autre langue étrangère, commençant par la double consonne *sc, sp,* ou *st,* et nous avons indiqué quelle a été l'influence de cette forme primitive et populaire sur l'orthographe de notre langue. Occupons-nous maintenant de l'addition de lettre qui se fait dans le corps du mot.

Les gens du peuple, dans la prononciation de certains mots, introduisent une consonne étrangère au primitif; par exemple, ils disent :

Espad*r*on	pour	Espadon ;
F*r*atras	—	Fatras ;

A*r*queduc	pour	Aqueduc;
D*r*ès	—	Dès;
Usu*r*fruit	—	Usufruit;
Usu*r*frutier	—	Usufruitier;
Tend*r*on	—	Tendon;
A*r*cajou	—	Acajou;
Ba*r*c	—	Bac;
B*r*ucoliques	—	Bucoliques;
Tart*r*e	—	Tarte;
Amb*l*e	—	Ambe;
Vol*t*e	—	Vole;
Li*n*teau	—	Liteau, etc.

C'est sans doute pour donner plus de vigueur, plus de consistance à la syllabe que le peuple y ajoute cette consonne parasite.

L'influence de ce mode de prononciation populaire a fait introduire dans l'orthographe de certains mots une consonne que le primitif ne contenait pas. Tels sont, par exemple, les mots *trésor*, *perdrix*, *fronde*, *fanfreluche*, dérivés de *thesaurus*, *perdicem*, *funda*, *famfaluca* (bas latin).

Voici les exemples qui se rattachent à ces mots :

TRÉSOR.

E Samuel mustrad (montra) al pople quel servise il deust faire al rei, e en livre l'escrist, e en *trésor* le mist.

(*Les quatre Livres des Rois*, p. 35.)

Rois vous avez *tresor* d'or et d'argent
Plus que nus rois n'ot onques, ce m'est vis,
Si en devez donner plus largement.

(*Chanson attribuée à Quesnes de Bethune*, XIIe siècle.)

Thesaurus, *trésor;* thesauro, as, assembler pecunes, *thesauriser* (*Epithoma vocabulorum à Guilelmo monacho de Villadei*, 1529.)

Un *thresor*, thesaurus, un *thresorier* des guerres, quæstor.
(Robert Estienne, *Dict.-fr. latin*, 1539.)

Perdrix.

Li reis de Israel vient à ost pour mei querre, qui sui cume une pulce u come une *perdriz* des munz.
(*Les Quatre Livres des Rois*, p. 105.)

Item, l'en doit quérir les *perdris* ès grans chaumes et yèbles et bruières, et environ les gerbes qui sont demourées aux champs, car là se paissent les *perdris* et les *perdriaux* du grain d'icelles gerbes.
(*Le Menagier de Paris*, t. II, p. 307.)

Fronde.

(David) prist sun bastun al puin, e sa *funde*; e eslist cinc beles pierres de la rivière.
(*Les Quatre Livres des Rois*, p. 66.)

... Mist la (pierre) en la *funde*, e entur la turnad.
(*Ibid.*, p. 67.)

Od (avec) *fondes* et od arbalestes
Que il avoient totes prestes.
(*Roman de Brut*, t. I, p. 147, v. 3087.)

Croix est la perriere et la *fonde*
Qui tout accravante et affonde,
Car le sanc Dieu lui donne force.
(*Le Tresor de Jehan de Meung* à la suite du *Roman de la Rose*, édit. Méon, t. III, p. 357, v. 655.)

Et de *fondes* dont il *fondoient*.
(Guillaume Guiart, *de la Branche aux royaux lignages*, édit. Buchon, t. I, p. 111, v. 2359.)

Funda, une *fonde*.
(*Epithoma vocabulorum, a Gulelmo monacho de Villadei*, 1529.)

Funda, fundæ, une *fonde* a ruer pierres.

(Robert Estienne, *Dictionarium seu latinæ linguæ thesaurus*, Paris, 1531.)

Une *fonde*, funda. Qui use de *fonde* à se combatre, *fundator, fundibularius*.

(*Ibid.*, *Dictionnaire françois-latin*, 1539.)

Funda, *fonde*.

(*Ambrosii Calpini Dictionarium*, Lyon, 1534.)

Je m'én allois souvent cueillir le houx
Pour faire gluz à prendre oyseaux ramaiges
Tous differens de chantz et de plumaiges.

. . . .

Ou transnouoys les rivières profondes,
Ou renforçoys sur le genouil les *fondes*.
Puis d'en tirer droict et loing j'apprenoys
Pour chasser loups, et abbatre des noys.

(Clément Marot, *Opuscules*, *Eglogue au roi* (*François* Ier), *sous les noms de Pan et Robin*, 1539; édit. Auguis, t. I, p. 69.)

Vingt quatre de leur côté furent défaits, les autres tous mis en fuyte, tout nuds et sans armes, exceptés leurs *frondes*.

(*Voyages de Loys de Bartheme*, liv. II, p. 26, t. II, à la suite de *la description de l'Afrique* par Jean Léon, Lyon, 1556.)

Ils n'usent point de *fondes* en bataille,
Ny d'arcs aussi, mais d'estoc et de taille.

(Amyot, *Hommes illustres*, *Theseus*, 5.)

Une fonde, funda.

(Jehan Thierry, *Dictionnaire françois-latin*, 1564.)

Ils (les anciens) dardoient (dans les combats) leurs piles de telle roideur que souvent ils en enfiloient deux boucliers et deux hommes armez, et les cousoient. Les coups de leurs *fondes* n'estoient pas moins certains et loingtains : *Saxis globosis... funda, mare apertum incessantes...*

(Montaigne, *Essais*, t. I, chap. XLVIII.)

... Des gens de cheval, des archers, des tireurs de *fonde*, des picquiers.

(Estienne de la Boëtie, *la Menagerie de Xénophon*, édit. *Feugère*, p. 133.)

Le mot *fronde* se trouve dans *le Dictionnaire des rimes françoises* publié à Paris, chez Jean Richer, en 1587.

Fonde, funda qui use de fonde à se combattre, *funditor, fundibularius.*

(Nicot, *Trésor de la langue françoise tant ancienne que moderne*, 1606.)

Funda, fundæ, une *fonde*, ou chose lui resemblant, comme une poche ou pochette, sachet ou bourse.

(Guillaume Morel, *Thesorus vocum omnium latinarum*, 1622.)

Monet, dans son *Inventaire des deux langues latine et françoise*, imprimé en 1636, ne se sert que du mot *fonde* et n'indique point *fronde*.

« Fonde, enjin à jetter pierres, composé d'une poche de cordetes, en roseau, garnie de deux branches de corde, *hæc funda.* — Fonde de guerre à jetter bales de plomb et gros cailloux, dont usoient les insulaires dits Baleares, *funda balearis, funda balearica. Fonde* de cuir, *scutalis funda*... Coife, panier, poche de *fonde*, caveau de *fonde* à mettre la pierre, *hæc scutula*, fundæ scutula... Bras de *fonde*, fundæ habena. — Tireur de *fonde*, hic funditor, oris, hic fundibularius, rii. »

Fonde ou *fronde*. Les anciens en avoient de fort grandes avec les quelles on laschoit de grosses pierres par une machine que l'on descendoit; ce qui enfonçoit les toits des maisons. Ce mot vient de σφενδονη, *funda*.

(Borel, *Thresor de recherches et antiquitez gauloises et françoises*, 1655.)

Nathanael Duez, dans son *Dictionnaire italien-françois* (Leide, 1660), aux mots *fronda, frondola,* mentionne les deux formes *fonde* ou *fronde.* Le même auteur, dans la seconde partie de son Dictionnaire, indique aussi *fonde* ou *fronde, fondeur* ou *frondeur.*

Fonde ou *fronde,* funda, les *frondeurs* à Paris, ou *fondeurs,* funditores, fundibularii.
(Philippe Labbe, *les Etymologies françoises,* 1661.)

Vaugelas, dans ses *Remarques sur la langue françoise,* publiées en 1647, dit en parlant du mot *fronde :* « Sans considérer l'étymologie de ce mot, qui vient du latin *funda* où il n'y a point d'*r*, il faut dire *fronde* et non pas *fonde,* l'usage le voulant ainsi et personne ne le prononçant autrement. C'est comme M. de Malherbe l'a toujours écrit, quoique M. Coeffeteau, et après lui un de nos meilleurs auteurs, dient toujours *fonde.* »

Lygdame cependant cet homme incomparable
A lancer de la *fonde* un plomb inévitable,
Et de qui le bras juste autant que furieux
Frappoit toujours au but qu'avoient marqué ses yeux.
(Brebeuf, *la Pharsale de Lucain,* liv. III, 1645.)

Ménage (*Dictionnaire étymologique*) s'exprime ainsi :

« Fronde de *funda :* par l'incertion de l'*r* comme en *Frontevaux*... Il n'y a guère plus de 80 ans qu'on prononçoit *fonde;* et M. Bochard a remarqué à la marge de son exemplaire de mes Origines Françoises de la première édition qu'en son enfance on se moquoit du petit peuple de Paris qui disoit *fronde.* »

Parlant des troubles de la *Fronde*, le cardinal de Retz s'exprime en ces termes :

« Ces folies retomboient nécessairement sur la *Fronde*. Ce mot me remet dans la mémoire ce que j'avois oublié de vous expliquer... c'est son étymologie... Bachaumont s'advisa de dire un jour, en badinant, que le parlement faisoit comme les escoliers qui frondent dans les fossés de Paris, qui se séparent dès qu'ils voyent le lieutenant civil, et qui se rassemblent dès qu'il ne paroist plus. Ceste comparaison qui fut trouvée assez plaisante fut celebrée par les chansons, et elle refleurist particulièrement lorsque la paix estant faite entre le roi et le parlement, l'on trouva lieu de l'appliquer à la faction particulière de ceux qui ne s'estoient pas accommodés avec la cour. »

(*Mémoires du cardinal de Retz*, dans la collection Michaud et Poujoulat, 3e série, t. I, p. 161.)

L'usage fait dire *fronde* au lieu de *fonde*, qui seroit, selon son origine, *funda*. Et si le verbe *fronder* n'est bien precieus, au moins il a couté bien cher à la France.

(*La politesse de la langne françoise pour parler purement et écrire nettement*, par M. Fr., prédicateur et aumonier du Roy, 4e édit. 1673, p. 46.)

Le père Chiflet, page 35 de sa *Nouvelle et parfaite Grammaire françoise*, publiée en 1680, fait la remarque suivante :

« *Fronde* est meilleur que *fonde*, et de *fronde* on a dit *frondeur*. »

La première édition du Dictionnaire de l'Académie française, publiée en 1694, donne seulement le mot *fronde*. Depuis cette époque l'orthographe de ce mot n'a plus varié.

Fonde pour *fronde* est encore usité dans le Berry.

(*Glossaire du centre de la France*, par M. le comte Jaubert.)

FANFRELUCHE.

On lit dans les gloses florentines :

« Famfaluca græce, bulla aquatica latine dicitur. » C'est une altération du grec πομφολυξ.

(Littré, *Dic. de la langue fr.*)

Ducange témoigne qu'on a dit dans la basse latinité *famfaluca* et *famfoluca*, et que ces mots sont tirés du saxon où ils signifient une chose de rien, une ordure.

Ele li dist tant de bellues,
De truffes et de *fanfelues*.

(Rutebeuf, édit. Jubinal, t. I, p. 295.)

Por Diex, seignor, prenés-i garde,
Qui bien la vérité regarde,
Des choses ici contenuës,
Ce sunt trufles et *fanfeluës*.

(*Roman de la Rose*, édit. Méon, t. III, p. 269, v. 20548.)

Fanfelues signifie ici *railleries*, *bagatelles*, *niaiseries*.

Rabelais a intitulé le second chapitre de Gargantua les *Fanfreluches* antidotées, trouvées en ung monument antique.

Furetière (*Dictionnaire universel*, 1690) s'exprime ainsi :

« Aujourd'hui le mot de *fanfreluches*, ou plustost de *freluches* se dit seulement de certains boutons à queue qui aboutissent à une petite houppe de soie. On appeloit autrefois *freluque*, un floquet de cheveux. »

Fanfreluche, s. f. terme bas, qui se dit par mépris en parlant d'un ornement vain, frivole et de peu de valeur.

(*Dic. de l'Ac. fr.*, 1re édit. 1694.)

Les gens du peuple, en prononçant les mots dans lesquels se trouve la syllabe *nié*, ajoutent un *g* devant la consonne *n*, ce qui communique à cette syllabe une articulation fortement nasale. Ainsi ils disent :

Meu*gn*ier	au lieu de	meu*n*ier;
Jardi*gn*ier	—	jardi*n*ier;
Pa*gn*ier	—	pa*n*ier;
Pru*gn*ier	—	pru*n*ier;
Der*gn*ier	—	der*n*ier;
Calom*gn*ier	—	calom*n*ier;
Meu*gn*ière	—	meu*n*ière;
Ma*gn*ière	—	ma*n*ière;
La*gn*ière	—	la*n*ière;
Pépi*gn*ière	—	pépi*n*ière, etc.

De même le peuple prononce *gn*iece pour *nièce*, moi*gn*eau pour *moineau*, u*gn*ion pour *union*.

Ce *g*, placé devant la consonne *n* dans la prononciation populaire des mots ci-dessus, est un souvenir des habitudes traditionnelles de notre ancienne langue. Cette addition d'un *g* devant la consonne *n* remonte au temps de la formation primitive et populaire de notre idiome (1). C'est par suite de cette tendance naturelle que les primitifs latins, dans lesquels on voit figurer *nea*, *nio*, *nia*, sont devenus français en revêtant la forme *gne*; ainsi :

Vi*nea*	a produit	vi*gne*;
Li*nea*	—	li*gne*;
Ti*nea*	—	tei*gne*;
Casta*nea*	—	châtai*gne* d'où châtai*gnier*;

(1) Guessard, *Examen critique des variations du langage français*; *Bibliothèque de l'école des chartes*, 2e série, t. II, p. 209.

Bal*nea*re (bas latin)	—	bai*gn*er;
Se*nio*rem	—	sei*gn*eur;
U*nio*nem	—	oi*gn*on;
Monta*nia* (bas latin)	—	monta*gne;*
Campa*nia* (bas latin)	—	champa*gne* ou campa*gne;*
Her*nia*	—	her*gne;*
Testimo*nia*re (bas latin)	—	témoi*gn*er;
Te*nea*t	—	qu'il tiei*gne;*
Ve*nia*t	—	qu'il vie*gne;*
Adve*nia*t	—	qu'il avie*gne*, etc.

Oignon dérive du latin rustique *unio, unionem*, qui, comme nous l'apprend Columelle, se disait pour désigner une sorte d'oignon :

Pompeianam, vel Ascaloniam capam, vel etiam Marsicam simplicem, quam vocant *unionem* rustici, eligito.
(*Columellæ de Re rustica*, lib. XII, cap. x.)

Dans le cartulaire de l'abbaye de Jumiège, on trouve *onio*, signifiant *oignon :*

« Monachi habebant tollonium omnium olerum, porrorum, alliorum ut *onionum*, omniumque herbarum. »
(Ducange, v° *Onio.*)

Au moyen âge, on se servait indistinctement des deux formes *oignon* et *ongnon.*

A jour de poisson, quant les pois sont cuis, l'en doit avoir *oignons* qui aient autant cuit comme les pois en un pot et le lart en autre pot... l'en doit mettre à part ses *ongnons* mincés en un autre pot et de l'eaue des *oignons* servir et mettre dedens les pois en paissant.
(*Le Menagier de Paris*, t. II, pages 135 et 136.)

Mais au XVIe siècle on ne rencontre plus que la forme *oignon.*

Hergne ou *hargne* s'est dit dans l'ancien français pour hernie.

Hergne, hernia.
(Robert Estienne, *Dic. fr.-lat.*, 1539.)

Hernia, *Hargne*, rompeure, greveure.
(Guillaume Morel, *Thesorus vocum omnium latinarum*, 1622.)

Hergne, grevure, rupture de la tunique contenant les intestins et cheute d'iceux, hernia.

Hergnieux, grévé, rompu de la façon susdite, herniosus.
(Monet, *Inventaire des deux langues françoise et latine*, 1636.)

Nathanael Dues (*Dictionnaire italien-françois*, 2e partie, 1659) écrit *Hargne, hergne* ou *hernie*.

Herne ou *hergne* (l'*h* s'aspire) descente de boyau. *Il est sujet à la hergne, il est incommodé de la hergne.*
(Dictionnaire de l'Académie françoise, 1re édition, 1694.)

Hernie ou *hergne... être sujet à la hergne, être incommodé d'une hergne, d'une hernie.*
(Même Dictionnaire, 2e édit., 1718; 3e édit., 1740.)

Hernie... être sujet à la hernie, être incommodé *d'une hernie.*
(Même Dictionnaire, 4e édition, 1762.)

Ce n'est que vers le milieu du XVIIIe siècle que le mot *hergne* a disparu entièrement de la langue écrite et parlée et a été remplacé par le mot *hernie* calqué sur le latin *hernia*.

Citons les passages suivants qui sont relatifs aux formes primitives *tiegne* et *viegne* :

Et jou prie, fait l'empereris, à monsigneur l'empereour, si comme à mon droict avoué, que il me *tiegne* à droict. — Dame jou voel volentiers fait li cuens, que il a vous droict *tiegne* et la vostre baillie poés vous ravoir à moi por assés petit.

(*Henri de Valenciennes, continuation de l'histoire de la conquête de Constantinople*, XXII, édition publiée par Paulin, Paris p. 208.)

Esclas s'en vint droit à Salembrie pour sa feme; illuec la trova : si li dist que il veut qu'ele s'en *viengne* à Constantinoble.

(*Henri de Valenciennes*, XII, p. 188.)

Et cascune partie se *tiegne* à chou que il en diront.

(*Ibid.*, XVII; p. 197.)

Fil, fait il... ge veil que tu i *veingnes*.

(*Roman des sept sages de Rome*, publié par Leroux de Lincy, p. 30.)

Fai tost, ainçois (avant) que autre gent *viengnent*.

(*Ibid.*, p. 32.)

Viengne qu'*aviegne*, or y venés,
Li huis vous sera deffremés.

(*Li Romans dou chastelain de Coucy et de la dame de Fayel*, p. 77, v. 2311.)

Or *aviegne* qu'avenir peut.

(*Ibid.*, p. 90, 2700.)

Quant en la salle tu entres
Chascuns s'en contre lui leves,
Moult le *bienviegnent* et fessient.

(*Ibid.*, v. 11.)

Dans l'ancien français, la forme du présent du subjonctif de *prendre* était *preigne*.

Puisque merci ne m'i daigne valoir.
Ne sai où nul confort *preigne*.

(*Chanson du châtelain de Coucy*, p. 43.)

Cuidez-vos or que la croix *preingne*
Et que je m'en voize outre meir.
(Rutebeuf, t. I, p. 127.)

Les formes anciennes *tiegne, preigne, viegne* ont été en usage jusque vers la fin du XVIe siècle, et même Vaugelas nous apprend que de son temps on disait encore *preigne* et *viegne* à la cour de Louis XIV.

« C'est une faute familière aux courtisans, hommes et femmes, de dire *preigne* pour *prenne,* comme *il faut qu'il preigne patience,* au lieu de dire *qu'il prenne;* et *vieigne* pour *vienne,* comme *il faut qu'il vieigne luy-mesme* au lieu de dire *qu'il vienne.* »
(*Remarques sur la langue françoise,* t. I, p. 231.)

Patru, dans ses notes sur les *Remarques* de Vaugelas, s'exprime ainsi :

« Il n'y a plus que le bas peuple qui dise *vieigne* pour *vienne;* mais beaucoup de femmes disent encore *preigne* pour *prenne.* M. Chapelain appelle cette faute *barbare :* on doit prendre soin de l'éviter.

Ce mode de prononciation n'existe plus, le peuple et les gens du monde prononcent également *vienne* et *prenne.*

Occupons-nous maintenant des mots *quincaille, quincaillier, quincaillerie* que le peuple prononce *clincaille, clincaillier, clincaillerie* (1).

(1) Ces mots, de même que *clinquant,* paraissent dériver d'un radical qui se retrouve dans les idiomes germaniques. En allemand, *klingen,* en hollandais, *klinken,* en anglais, *to clink* signifient rendre un son, sonner, tinter.

L'orthographe de ces mots a varié. Du XVe siècle au XVIIe siècle, on trouve ces mots écrits sous les formes *quincaille*, *quinquaille*, *quincaillerie*, *quinquaillerie*; *quincaillier*, *quinquaillier*.

Et tout cela ne suffiroit, s'ils n'y entremeloyent quelques triolets, virelais, rondeaux, balades et autre telle espèce de vieille *quinquaille* rouillée.

(*Les dialogues de Jaques Tahureau*, 1583, fol. 12, verso.)

Ce sont les statutz et ordonnances faictes et advisées sur le fait dudict mestier de vannier et *quincaillier* de la ville de Paris.

(Ordonnance du 24 juin 1467, dans la collection des ordonnances des rois de France, t. XVI, p. 596.)

... Et plusieurs autres choses appartenantes au fait de *quincaillerie*.

(Même ordonnance, p. 598.)

Quinqualier, un *quinqualier*, frivolarius.

(Robert Estienne, *Dict. fr.-latin*, 1539.)

Les maistres jurez du mestier de vannier et *quinquaillier* de nostre ville de Paris...

(Ordonnance du mois de septembre 1561, sur le métier de vannier et quinquaillier, dans la collection des édits et ordonnances, par Fontanon, t. I, p. 1120.)

Un *quinqualier*, frivolarius (quasi quisquiliarius à quisquiliis.)

(Jehan Thierry, *Dictionnaire françois-latin*, 1564. — Nicot, *Thrésor de la langue françoise ancienne et moderne*, 1606.)

Quinquaillier, vendeur de menue mercerie de fer, levis ferrarius propola; minutæ ferrariæ propola. — *Quinquaillerie*, mercerie légère de fer, minutula merx ferraria. *Quinquaillerie*, trafic de légère mercerie de fer, levior mercatura ferraria.

(Monet, *Inventaire des deux langues françoise et latine*, 1636.)

Vers le milieu du XVIIe siècle et postérieurement, on rencontre ces mots écrits sous les formes *quinquaille, quincaille* et *clincaille, quinquaillerie, quincaillerie* et *clincaillerie, quinquaillier, quincaillie* et *clincaillier*.

Quinquaille et *clinquaille*, mercantia di minuto ferro. — *Quinqaillerie* et *clinquaillerie*, ogni sorte di mercantie di rame, ferro, latta, etc. — *Quinquaillier* et *clinquaillier*, un merciaiuolo di ferramenti, mercante di minuto ferro, etc.

(Natanael Duez, *Dictionnaire italien-françois*, 2e partie, 1659.)

Quinquaillier, minutæ mercis ferrariæ propola.

(Charles Pajot, *Dictionnaire nouveau françois-latin*, 1669.)

Quincaille, menue marchandise de fer ou de cuivre, etc. — *Quincaillerie*, marchandise de quincaille. — *Quincallier*, ière, marchand qui vend de la quincaille ou qui la fabrique. Le peuple les appelle abusivement *clincailliers*. Le titre qu'ils prennent par escrit est de marchands *quincailliers*.

(Furetière, *Dictionnaire universel*, 1690.)

Clincaille ou *quincaille*, s. f. Toute sorte d'ustensiles, d'instruments et d'armes de fer, comme lames d'espée, couteaux, ciseaux, besches, hoyaux, etc., *faire marchandise de clinquaille*.

Quelques-uns appellent figurement et par mepris de la monnoye de cuivre, comme sont les sous, les liards, les doubles, *de la clincaille. Voilà bien de la clincaille. Se charger de clincaille*.

Clincaillier ou *quincaillier*, ière, s. f., vendeur de clincaille. *Une boutique de clincaillier, riche clincaillier.*

Quinquaillerie. s. f. collectif. Divers ouvrages de fer, de cuivre, etc., comme chaisnons, serrures, clefs, vis, cadenats, serpes, couteaux, etc.

(*Dictionnaire de l'Académie française*, 1re édit. 1694.)

La seconde édition du Dictionnaire de l'Académie française, publiée en 1718, enregistre aussi *clincaille*, *clincaillerie, quinquaillerie, clinquaillier* et *quinquaillier.*

Le même Dictionnaire, dans sa 3e édition, publiée en 1740, insère seulement les mots *clincaille, clincaillerie, clincaillier,* et aux mots *quinquaille, quinquaillerie* et *quinquaillier,* le Dictionnaire renvoie aux articles *clincaille, clincaillerie* et *clincailler.*

Mais à partir de la 4e édition, publiée en 1762, on ne voit plus figurer dans le Dictionnaire de l'Académie que les mots *quincaille, quincaillerie, quincaillier,* et l'orthographe de ces mots a été définitivement fixée.

Ainsi que l'indique l'historique des mots qui précèdent, les formes populaires *clincaille, clincaillerie* et *clincaillier* ont eu leur période de prépondérance orthographique vers le milieu du XVIIIe siècle, mais cette influence de la prononciation populaire sur l'orthographe de ces mots a bientôt cessé ; on a abandonné promptement la forme populaire dans l'écriture pour revenir à la forme grammaticale, et les mots *quincaille, quincaillerie, quincaillier* ont reparu dans le Dictionnaire, où désormais ils figurent exclusivement.

CHAPITRE IV.

DES SOUSTRACTIONS DE LETTRES.

§ Ier. — De la soustraction de l'*e* médial.

Il est un point qui se rattache essentiellement au sujet de cette étude et sur lequel nous devons appeler l'attention du lecteur, c'est le mode de prononciation de l'*e* muet dans le langage populaire et l'influence que cette prononciation a exercée sur l'orthographe de certains mots.

Une tendance habituelle à resserrer les mots se fait surtout remarquer dans le langage populaire. Les formes contractes y dominent et s'y multiplient.

Préférant la brièveté à la pureté de la prononciation, l'homme du peuple répugne à employer dans son langage les syllabes molles et traînantes ; aussi les retranche-t-il presque toutes de la prononciation. Par exemple, quand une syllabe placée au milieu d'un mot est composée d'une consonne et d'un *e* muet, les gens du peuple ne prononcent pas cette voyelle; ils joignent la consonne à la syllabe précédente et forment avec elle, dans la prononciation, une seule et même syllabe; de sorte qu'il y a une syllabe de moins dans le mot qui est prononcé de cette manière. Ainsi le peuple dit *pur*té pour pur*e*té, *sur*té pour sûr*e*té, *saint*té pour saint*e*té, *vil*té pour vil*e*té, *méd*cine pour méd*e*cine, etc.

Chez les gens du peuple, ce mode de prononciation remonte au temps du français primitif et a sa cause dans le système de formation populaire de notre langue. Dès l'origine, on a dit *purté* (1), *durté* (2), *sainté* (3), *vilté* (4), de même que *fierté* (5), *cherté* (6),

---

(1) Car ne m'est digne chose ke li créeres (créateur) de *purteit* entreit en teil lien.

(*Sermons de saint Bernard*, p. 528).

(2) Trop avez vilain cuer, que ne vos prent pitiez
De ceste lasse dame qi tant a de *durtez*.

(*Chanson des Saxons*, t. II, p. 155,)

Les *durtez* que la royne Blanche fist à la royne Marguerite, furent tiex que la royne Blanche ne vouloit soufrir à son pooir que ses filz feust en la compagnie sa femme.

(Joinville, p. 217.)

(3) O naissance plaine de *sainteit*, honoraule al munde, amiaule as hommes...

(*Sermon de saint Bernard*, p. 530.)

(4) A grant honte la fin traitier
Qu'il comandait au panetier
Que del pain ces chiens fust peue (repue)
Trop fust en gent *vilteit* tenue.

(*Dolopatos*, p. 275.)

Ains serez en *vilté* tenue

(*Roman de la Manekine*, publié par Francisque Michel, v. 423.)

Dame de charité
Qui par humilité
Portas nostre salu,
Qui toz nos a geté
De duel, de *vilté*
Et d'enferne palu ;
Dame, je te salu !

(Rutebeuf, *le Miracle de Théophile*, t. II, p. 98.)

(5) Li quens Rollant est de tant grant *fiertet*
Ja n'ert vencut pur nul hume carnel.

(*Chanson de Roland*, CLXII, édit. Müller, p. 146, v. 2152.)

(6) Por ce avint si grans *chiertés* en l'ost, que tantost que la Pasque fu venue un bues valoit en l'ost quatre-vins livres.

(Joinville, p. 104.)

santé (1), *clarté* ou *clairté* (2), *bonté* (3), *chrestienté* (4), en empruntant au latin les mots *puritatem, duritatem, sanctitatem, vilitatem, feritatem, caritatem, sanitatem, claritatem, bonitatem, christinatem* (5).

---

(1) Tu désires par aventure la *santeit*.

(*Sermons de saint Bernard*, cités dans Roquefort, *Glossaire de la langue romane*, v° *santeit.*)

(2) Li *clarteiz* de Deu vint entor luy par defuers, dont il ancor ne pooit estre enlumineiz par dedenz.

(*Sermons de saint Bernard*, p. 555.)

Retrowange novelle
Dirai et boue et belle
De la virge pucelle
Ke meire est et ancelle.
Celui qui de sa chair belle
Nos ait raicheteit
Et qui trestous nos apelle
A sa grant *clairteit*.

(Jacques de Cambray.)

(3) La feme à son baron ne porte loiauté
Et li homs à sa feme ne amor ne *bonté*.

(Rutebeuf, t. I, p. 243.)

(4) Iço vus mandet Carlemagnes li ber :
Que recevez seinte *chrestientet*.

(*Chanson de Roland*, XXXIV, édit Müller, p. 26, v. 430.)

(5) Dans ces mots latins l'accent tonique porte sur la syllabe *ta*, et la voyelle *i* qui précède immédiatement cette syllabe est brève; or, en passant en français les mots latins précités ont perdu leur voyelle brève immédiatement placée devant la syllabe tonique. Ainsi, puritatem perdant sa voyelle brève *i* a donné en français d'origine populaire *purté*, duritatem, *durté*, etc. — Le fait relatif à la suppression de la voyelle brève qui précède immédiatement la syllabe tonique est important à rappeler, car il s'applique non-seulement à la suppression de la voyelle brève *i* dans le cas que nous venons d'indiquer, mais encore à la suppression de toute autre voyelle brève placée devant la syllabe tonique. Ainsi l'on peut tenir pour règle générale que « la voyelle brève qui précède immédiatement la syllabe

D'après l'orthographe, on écrit *clarté*, *chrétienté*, *fierté*, *cherté*. Mais pourquoi n'écrit-on pas *clarEté*, *chretienEté*, *fierEté*, *cherEté* avec un *e* muet, de même que l'on écrit *purEté*, *durEté*, *sûrEté*, *vilEté*, puisque tous ces mots dérivent de cl*aritatem*, christi*nitatem*, fe*ritatem*, ca*ritatem*, pu*ritatem*, d*uritatem*, secu*ritatem*, vi*litatem*, dont les finales latines sont identiques ? C'est que les mots *clarté*, *chrétienté*, *fierté*, *cherté*, depuis l'origine de la langue, ont conservé leur forme contracte et populaire, tandis que *pureté*, *dureté*, *sûreté*, *vileté* sont des formes refaites sous l'influence des savants qui, dans les mots originaires *purté*, *durté*, *seurté*, *vilté* ont intercalé un *e* muet pour représenter l'*i* bref du pri–

---

tonique est toujours retranchée dans les mots latins passés en français par voie de formation populaire. » Donnons quelques exemples :

Separare	a produit en français d'origine populaire.	*sevrer*;	refait par les savants sur le thème latin, il a donné.	*séparer*.
Liberare.	—	*livrer*.	—	*libérer*.
Operare.	—	*ouvrer*.	—	*opérer*.
Recuperare.	—	*recouvrer*.	—	*récupérer*.
Blasphemare	—	*blâmer*.	—	*blasphémer*.
Capitale	—	*cheptel*.	—	*capital*.
Hospitale	—	*hôtel*	—	*hôpital*.
Masticare	—	*mâcher*.	—	*mastiquer*.
Navigare	—	*nager*	—	*naviguer*.
Comitatus	—	*comté*.	—	*comité*.
Revendicare	—	*revenger*	—	*revendiquer*.
Pectorale.	—	*poitrail*.	—	*pectoral*.
Circulare.	—	*cercler*.	—	*circuler*.
Cartularius.	—	*chartrier*.	—	*cartulaire*.
Simulare.	—	*sembler*.	—	*simuler*.

Pour plus de détails, voyez *Étude sur le rôle de l'accent latin dans la langue française*, par Gaston Paris. 1862, in-8°.

mitif (1); mais dès le XIVe siècle, les mots de cette classe refaits par les savants et les mots nouveaux introduits dans la langue y sont entrés en conservant l'*i* de leur primitif latin. Ainsi, par exemple, *fidelitatem*, qui en français d'origine avait donné *fealté, feelté* (2), est devenu, sous sa forme nouvelle, *fidélité*, et *calamitatem*, sans passer par l'intermédiaire de l'ancien français, a

---

(1) Le même fait s'est produit à l'égard du mot *médecine*. Par suppression de l'*i* bref de *medicina* on avait dit en français primitif *medcine*, *mecine*.

Avec lui furent ses amis
Qui li ont *mecine* donée
Par quoi sa force a recovrée.

Roman du Renart, t. Ier, p. 260, v. 7020.

On trouve aussi dans l'ancien français les formes *medciner*, *meciner* pour *médeciner*.

Mar querroit mire, que tost l'a *meciné*.

(*Huon de Bordeaux*, chanson de geste, publiée par Guessard et Grandmaison, p. 172, v. 5770.)

(2) Quant Normanz virent ke li dus
A tuz alout si el desus
De paiz tenir mistrent ostages,
Féeltez firent è homages.

Roman de Rou, t. II, p. 44 et 45, v. 937,)

Si se jurent *feaute*
A poster tres dont en avant
Et lors se vont entrebaisant.

(*Chronique rimée de Philippe Mouskes*, v. 16215.)

Car je sçay par quelle raison
Tu seras mis à guérison :
Je te donneray *feaulté*,
Se tu te tiens à loyaulté.

(*Roman de la Rose*, édit. de Lenglet Dufresnoy, t. I, p. 104, v. 2061.)

servi à former directement, en calquant le latin, notre mot *calamité*.

L'orthographe des noms propres sert particulièrement à établir la preuve du mode de prononciation populaire qui consiste à supprimer l'*e* muet au milieū des mots.

Ainsi, par exemple, dans les noms propres qui suivent, on trouve le même nom orthographié d'une manière différente. L'une présente ce nom écrit conformément à la prononciation populaire, l'autre conformément à l'orthographe correcte.

Forme populaire.		*Forme grammaticale.*
Bibron.	—	Biberon.
Bonville.	—	Bonneville.
Bourlier.	—	Bourrelier.
Brisbarre.	—	Brissebarre.
Carlet.	—	Carrelet.
Chaplain.	—	Chapelain.
Chapron.	—	Chaperon.
Coup-vent.	—	Coupevent.
Glée.	—	Gelée.
Goblet	—	Gobelet.
Plé.	—	Pelé.
Plisson.	—	Pelisson.
Peltier.	—	Pelletier.
Lepeltier.	—	Lepelletier.
Pluche	—	Peluche.
Sautreau.	—	Sautereau, etc.

Les noms de la première colonne écrits avec retranchement de l'*e* muet médial représentent exactement le son. C'est le mot tel que le peuple l'a prononcé autrefois et le prononce aujourd'hui.

L'influence de la prononciation populaire touchant le retranchement de l'*e* muet au milieu des mots s'est manifestée d'une manière sensible sur l'orthographe de notre langue. En effet, c'est à ce mode de prononciation, à ce penchant naturel et traditionnel du langage du peuple pour les contractions qu'il faut attribuer le changement qui s'est opéré dans l'orthographe de certains mots par la suppression de l'*e* muet médial qu'ils possédaient autrefois. Tels sont, par exemple, les mots *esprit, soupçon, soupçonneux, soupçonner, larcin, serment, dernier, mairie, courtage, courtier, chaudron, chaudronnier, tocsin,* que l'on écrivait dans l'ancien français *esperit, souspeçon, souspeçonneur, souspeçonner, larrecin, serrement, derrenier, mairerie, courretage, courratier* ou *courretier, chauderon, chauderonnier, toquesin.*

Voici les exemples qui se rattachent à ces divers mots :

Esprit. — Au XVIe siècle l'orthographe de ce mot était encore incertaine. Clément Marot écrit *esprit* et *esperit.* Dans *le Temple de Cupido,* il emploie l'une et l'autre forme :

Semblablement mes soupirs et mes cris,
Mon doux parler, et mes humbles *esprits*,
N'eurent pouvoir d'amolir le sien cueur,
Qui contre moy lors demeura vainqueur.
. . . .
Pour gouverner les *esperits* loyaulx,
Et résider ez domaines royaulx.

(*Opuscules, Temple de Cupido,* édit. Auguis, t. I, p. 10 et 11.)

Car l'on ne peut l'*esperit* confiner,
Soubs nulle loy ni son vouloir muer.

(*Chanson sur la bataille de Pavie*, composée par François Ier, pendant sa captivité à Madrid (1525); Leroux de Lincy, *Recueil de chants historiques français*, t. II, p. 95.)

Robert Estienne (*Dictionnaire français-latin*, 1539) et Jehan Thierry (*Dictionnaire françois latin*, 1564) enregistrent *esperit* et *esprit;* mais dans les exemples que citent ces lexicographes, ils emploient seulement *esprit*. — Amyot, Ronsard, Montaigne écrivent toujours *esprit*.

Soupçon, Soupçonneux, Soupçonner.

Il n'en ert mie en *soupeçon*.

(*Roman du Renart*, édit. Méon, t. Ier, p. 32, v. 842.)

Cil qui la glose li devoit,
Fère entendre de la leçon.
L'a mise en male *soupeçon*.

(Rutebeuf, *Li diz de frère Denize*, édit. Jubinal, t. I, p. 263.)

... Et se il avient que aucuns serjans qui soit mis pour garder ce bos, soit *soupessoneux* par ecrit de prudhomme de mal faire je ou mi hoir... mueront ce serjant.

(*Charte de* 1240, Ducange, v° *Suspiciosus*.)

... Et que les ennemis troublés et espouvantés de ton secours ne puissent avoir aucun regart, presumpcion ou *souspeçon* de mal à l'encontre de moi.

(*Le Menagier de Paris*, t. Ier, p. 12.)

Fuiez compagnie *soupeçonneuse*, et jamais femme *soupeçonneuse* ne approchiez.

(*Ib.*, p. 15.)

Robert Estienne (*Dictionnaire français-latin*, 1535) enregistre *souspeçon, souspeçonner, souspeconneux.*

Ce continuel *souspeçon* qui met le prince en double de tout le monde, luy doibt servir d'un merveilleux torment.
(Montaigne, *Essais*, liv. I, chap. XXIII.)

Je suis peu desfiant et *souspeçonneux* de ma nature.
(*Id.*, liv. III, ch. XII.)

Vous avez juré aux dieux d'ainsi vous maintenir ; il sembleroit que je voulsisse (voulusse) *souspeçonner* et recriminer de ne croire pas qu'il y en aye.
(*Id.*, même chapitre)

Jean Lefèvre (*Dictionnaire des rimes françoises*, Paris, 1587) écrit *soupçon, soupçonneux, soupçonner.* Mais ce n'est qu'au XVIIe siècle que l'orthographe de ces mots a été fixée. Monet, qui dans son *Inventaire des deux langues françoise et latine* (Lyon, 1636) écrit : *soupçonneux, soupçonner*, *soupçon,* mentionne encore *soupeçon, soupeçonner.*

LARCIN.

... Se alquens est apeled de *larecin* u de roberie.
(*Lois de Guillaume le Conquérant,* § IV.)

Si *larecin* est troved en qui terre que ceo seit.
(*Ibid.*, § XXXI.)

De ma terre suys degittiez (*chassé*) par *larecin.*
(*Sermons de saint Bernard*, p. 524.)

Avarice a sept bouches : la premiere si est *larrecin*... *Larrecin* est quant une personne injustement et de nuit prent aucune chose sans le sceu et contre la voulenté de celui à qui la chose est.
(*Le Menagier de Paris*, t. I, p. 45.)

Car ce seroit grand *larrecin*
D'avoir les biens à son voisin
Par tricherie et par cautelle.

(*Moralité nouvelle de charité; ancien Théâtre français*, édit. Jannet, t. III, p. 363.)

Il (Panurge) avoit soixante et trois manières d'en treuver (de l'argent) toujours à son besoing; dont la plus honorable et la plus commune estoit par façon de *larrecin* furtivement faict.

(Rabelais, *Pantagruel*, liv. II, ch. XVI.)

Que le larron soit condamné en amende pour le *larrecin*, qu'il soit meiné prisonnier s'il est treuvé sur le faict.

(Œuvres de la Boëtie, édit. Feugère, *La Menagerie de Xénophon*, p. 219.)

Il n'estoit rien, selon leur coustume (des Lacédémoniens), où il leur allast plus de la réputation, ny de quoy ils eussent à souffrir plus de blasme et de honte que d'estre surprins en *larrecin*.

(Montaigne, *Essais*, liv. II, ch. XXXII.)

Au XVIe siècle, on trouve quelques exemples de ce mot écrit *larcin*.

... tu aurois peu apprendre
Que les *larcins* d'amour veulent estre cachez.

(Desportes, *Diverses amours, Contre une nuit trop claire.*)

Mais ce n'est qu'au XVIIe siècle que l'orthographe de *larcin* a été définitivement adoptée.

SERMENT.

Il font maint mauvès *serement*.

(Rutebeuf, t. I, p. 223.)

Et facent *sairement* qu'ils s'entremetront de tote lor vertu et à tote lor aide, à cax que il desfent.

(*Le conseil de Pierre De Fontaines*, édit. Marnier, p. 62.)

9

Et s'il les devoit ravoir par son *serement.*

(*Ibid.*, p. 127.)

Et s'il n'i a *seirement.*

(*Ibid.*, p. 186.)

Li *sairement* que li amiral devoient faire au roy furent devisié et furent tel, que se il ne tenoient au roy les convenances, que il fussent aussi honni comme cil qui par son péchié aloit en pélerinaige à Mahomet, à Maques, sa teste descouverte.

(Joinville, p. 127.)

Il le feront à savoir au mestre toutes les fois que il le sauront et par leur *serement.*

(Estienne Boileau, *Livre des mestiers*, p. 108.)

Et feroit le *serement* desus dit.

(*Ibid.*, p. 420.)

A no dame devons et foy et *serrement.*

(Hugues Capet, *Chanson de geste*, publiée par le marquis de Lagrange, p. 33, v. 856.)

... *Seremens* illicites et reprouvez.

(*Ordonnance de Charles V contre les blasphémateurs*, 14 oct. 1464, t. XIV, p. 499.)

Sur lesquelles choses le dict chevalier promectra et jurera ès mains du souverain sur sa foy et *serement* et sur son honneur.

(*Institution et statuts de l'ordre de Sant-Michel*, 1er août 1469; t. XVII, p. 251.

Ce n'est que depuis le XVIe siècle que l'on écrit *serment* sans *e* muet médial.

DERNIER.

Si va demander à sa femme qui estoit ce beau fils, le *derenier* en reng de leurs enfans.

(*Les cent nouvelles nouvelles*, XIXe siècle.)

Dernier, dit Nicot (*Thrésor de la langue françoise*, Paris, 1606), est fait par syncope de ce mot derrenier usité non seulement par les anciens François, mais par les modernes comme se peut veoir la missive de l'admiral de Bryon escrite au roy François (Ier) détenu à Madrid.

MAIRIE.

Pour les grands complaintes et clameurs que eues avons des griefs et oppressions qui ou temps passé ont esté faits à nostre peuple, des personnes qui ont tenu à ferme les prevostez, *maireries* et jugeries de nostre royaume, nous voulans eschever telles choses et en relever nostre peuple, nous avons ordonné et ordonnons que doresenavant toutes les dictes prevostez, *maireries* et jugeries soient baillez en garde, etc. (*Ordonnance du roi Charles VI* du 25 mai 1413, *pour la police générale du royaume*, t. X, p. 114.)

Nicot (*Thrésor de la langue françoise*, Paris, 1606) appelle *mairerie* l'office du maire, comme si l'on disait *majoratus*.

« Et ores le ressort et estendue de la justice de tel office tout ainsi qu'on dit la prevosté de Paris s'étend à tel et tel lieu. Ainsi dit-on la *mairerie* de tel lieu est vacante et la *mairerie* d'icelui lieu est en ceste signification adjoustoit-on ce mot *justice* disant la *mairerie* et justice de Gastius Duchenoy. »

Monet (*Inventaire des deux langues françoise et latine*, Lyon, 1636) indique les deux formes *mairie* et *mairerie*.

Ménage (*Observations sur la langue françoise*, 2e édition, 1675, p. 269) s'exprime ainsi :

« On dit présentement par contraction, *mairie*, comme on dit *chanoinrie*, et non pas *chanoinerie*. Et il y a déjà longtemps qu'on dit *mairie* : car ce mot se trouve dans les lettres de Louis XI pour l'établissement de la maison de ville d'Angers, qui sont de l'année 1474. »

La prononciation actuelle du mot *mairrie* (pour *mairerie*), qui se trouve dans la bouche des gens du peuple, s'explique par la tendance de ces derniers à supprimer l'*e* muet médial (1).

COURTAGE.

Sept cenz livres tournois de rente perpétuel... sus les profiz et en la recepte de nostre vicontée de l'yaue de Roen, en restor des deuz parz du quart du *courratage* de foires de Champaigne.

(*Charte de l'année* 1305. Ducange, v° *Corratagium.*)

Les proufiz et émoulumens dou *coulletaige* des vins.

(*Charte de l'année* 1366, Ducange, *ibid.*)

Ge m'entremet de *corretages,*
Ge faiz pais, ge joing mariages.

(*Roman de la Rose*, édit. Méon, t. III, p. 364, v. 11883.)

Quand le dict office de *couretage* sera vaquant.

(*Ordonnance concernant la juridiction de l'Hôtel-de-Ville de Paris,* février 1415; dans Delamare, *Traité de la police,* t. III, p. 596).

Courretage, salaire du courretier.

(Monet, *Inventaire des deux langues françoise et latine,* 1636.)

Courretage ou *courtage* s. m. l'entremise, la négociation d'un courretier, *faire le courtage des vins*, *se mesler de courtage.*

(*Dict. de l'Ac. fr.*, 1re éd. 1694 et 2e édit. 1718.)

---

(1) Le même fait se remarque dans la prononciation populaire des mots serrur*rie*, apothicai*rrie*, ve*rrie*, tréso*rrie*, au lieu de serru*rerie*, apothicai*rerie*, ver*rerie*, tréso*rerie*.

Courtage s. m. l'entremise, la négociation d'un courtier, *faire le courtage des vins, se mêler de courtage, droit de courtage.*

(*Même Dictionnaire,* 3e édit. 1740, 4e édit. 1762, 5e éd. 1798 et 6e éd. 1835.)

COURTIER.

Serrement à prendre des nouviaux *corratiers* de vin quant l'an les fait nouviaux. Il jureront que il ne seront que ij *couratiers* ensemble à boire, se li marchant ne li apèle.

(*Ordonnances relatives aux métiers de Paris,* depuis 1270 jusqu'à l'an 1300, à la suite du *Livre des métiers d'Etienne Boileau,* p. 352.)

Il est establi par l'acort au prevost de Paris et pour les preudomes, que nus *corratiers* de chevaus ne peut prendre, ne ne doit du vendeur que vj de n. au plus de la livre... et que li *courretiers* conseilleront l'achateur en bonne foi, et que nul li hostelier ne puet estre *courratier* de son hoste, ne partir au *courratier* son hoste.

(*Ibid.*, p. 421 et 422.)

Courtier, un *courtier* et faiseur de messaiges.

(Robert Estienne, *Dic. françois-latin*, 1539.)

Il devint en un jour savant en tel métier,
Maquignon, revendeur, affronteur, *couratier.*

(Ronsard, *Hymnes II*, 10.)

A quoi monsieur le Legat servoit de *courretier* pour faire valoir la marchandise.

(*Satyre Ménippée,* édit. de Ratisbonne, 1709, t. I, p. 174.)

Courretier, courratier, courtier, moyenneur d'achats et ventes, de prêt d'argent et choses semblables.

(Monet, *Inventarie des deux langues françoise et latine,* 1636.)

... Si jamais je trouve ici ce *courrattier*
Je lui saurai, Madame, apprendre son métier.

(Pierre Corneille, *la Veuve*, act. III, sc. VII.)

Courretier s. m. Il se prononce presque comme s'il n'y avait point d'*e*. On disait autrefois *couratier*, qui est moyenneur, qui s'entremet de ventes et achats de certaines marchandises principalement de vin, ou de chevaux, ou de faire prester de l'argent sur la place : *maistre courretier, courretier juré, courretier de change, courretier de vin, courretier de chevaux, je n'ay que faire de courretiers, je ne veux point passer par les mains des courretiers.* — On appelle par raillerie *courretier* ou *courretière de mariage*, ceux qui se meslent de faire des mariages.

(*Dict. de l'Ac. fr.*, 1re éd. 1694 et 2e éd. 1718.)

Courtier s. m. entremetteur, qui s'entremet des ventes et achats de certaines marchandises, principalement de vin ou de chevaux, ou de faire prêter de l'argent sur la place, *maître courtier, courtier juré.*

(*Même Dictionnaire*, 3e éd. 1740, 4e éd. 1762, 5e édit. 1798, 6e éd. 1835.)

Le changement d'orthographe entre les deux formes *courretier* et *courtier* s'est opéré, comme on le voit, vers le milieu du XVIIIe siècle.

CHAUDRON.

Cacabos gallice dicuntur *chauderons.*

(Dictionnaire de Jean de Garlande, composé au XIIIe siècle et publié à la suite de *Paris sous Philippe-Auguste*, p. 602.)

Mou l'abat en un *chauderon*
Or n'i faut il, se poivre non.

(Barbazan, *Contes et Fabliaux*, t. IV, p. 93.)

Chauderons d'argent pour cuiszine à cuire viande.

(De Laborde, *Notice des émaux; Inventaire des joyaux du duc d'Anjou* dressé vers 1360, p. 110.)

Dans cet inventaire, ce mot est écrit dix fois *chauderon* et une seule fois *chaudron*.

Un petit *chaulderon* d'argent, à troys pieds pour se pousser.

(De Laborde, p. 209, *Inventaire de Marie Stuart.*)

Si davanture il rencontroit gens aussi folz que lui, et comme dist le proverbe : couvercle digne du *chauldron*.

(Rabelais, *prologue de Gargantua.*)

Chaudron, chaudronnier.

(Robert Estienne, *Dict. fr.-lat.* 1539.)

Veux tu que je te die le livre des Philosophes où j'ay appris ces beaux secrets? Ce n'a esté qu'un *chauderon* à demy plein d'eau, lequel en bouillant quand l'eau estoit un peu asprement poussée par la chaleur du cul du *chauderon*, elle se soufloit jusques par dessus le dit *chauderon*.

(Bernard Palissy, *Des eaux et fontaines*, p. 266.)

Chauderon.

(Nicot, *Thrésor de la langue françoise*, 1606.)

Chauderon.

(Monet, 1636, et Dictionnaire de Furetière, 1690.)

Les dames du pays latin
Susceptibles d'un avertin,
A ces bruits prennent la campagne,
Vite comme chevaux d'Espagne
Et formant un gros escadron,
Au son cassé de maint *chaudron*
Courent comme des insensées,
De la laide Alecton poussées.

(Scarron, *Virgile travesti*, liv. VII, édit. Fétilly, t. II, p. 41 et 42.)

Chauderon, s. m., on prononce *chaudron* et plusieurs l'écrivent aussi... faites bouillir cela dans un *chauderon*... escurer un *chauderon*.

(*Dict. de l'Ac. fr.*, 1re édit. 1694, 2e édit. 1718, 3e édit. 1740.)

L'Académie, depuis la 4e édition de son Dictionnaire (1762), écrit *chaudron*.

CHAUDERONNIER.

A Jehan de Richebourt, *Chauderonnier*, pour un long coffre de boys, ferré par dedans, tout au long et par dehors, à un large huisset de laitton, à petits troux pour mettre un cierge ardent de nuit en la chambre de madame Jehanne de France.

(De Laborde, *Notice des émaux*, p. 202, *Comptes royaux*, de 1388.)

Chauderonier, *chaudronier*, ouvrier en chauderons (Monet, *Inventaire des deux langues françoise et latine*, 1636).

Furetière écrit *chauderonnier* et Richelet *chauderonnier* et *chaudronnier*.

Chaudronnier, *maistre chaudronnier* (*Dict. de l'Ac. fr.*, 1re éd., 1694, 2e éd., 1718).

Chauderonnier (on prononce *chaudronier*). *Maître chauderonnier*, *Soufflet de chauderonnier* (*même Dictionnaire*, 3e éd., 1740.

Chaudronnier (*id.*, 4e éd., 1762, 5e éd., 1798, 6e éd., 1835).

TOCSIN (1).

Bientost en oyrent nouvelles par le *touquesaint* de la dite ville, qui est accoustumé de sonner par la guette d'icelle ville, quant noz annemis y survainnent.

(Lettres de rémission de l'anné 1383; Ducange, vo *Touquassen*.)

---

(1) Formé du verbe *toquer*, toucher, frapper, et de *sein*, *sing*, et *sint* dérivé de *signum* qui en bas latin a pris le sens de signal, et par métonymie, de cloche.

...Nous en avons un exemple en *tocsin,* quand on dit *sonner le tocsin*... mais il vault mieux escrire *toquesin ;* et encore, si en adjoustant un *g* on escrit *toquesing,* on approchera plus près de l'étymologie : car c'est un mot gascon (1) composé de *toquer* au lieu de ce que nous disons *toucher* ou frapper et de *sing* qui signifie cloche, et principalement une grosse cloche comme voulontiers en effroy on sonne la grosse cloche. (Henri Estienne, *la Precellence du langage françois*, édit. Feugère, p. 186.)

Ménage écrit *toquesin*... « On dit à Angers *sonner le petit saint* pour dire *sonner la petite cloche.* On s'est servi du mot *signum* en la signification de *cloche,* parce que le son des cloches sert de signal pour se trouver à l'église. » (Dictionnaire étymologique.)

Toquesing, toqsin, tocsin, signal public qu'on donne du son de la cloche ès cas dangereux et inopinez, le *toquesing* sonne l'alarme. Sonner le *tocsin.* Chascun se porte armé sur la muraille au premier coup de *tocsin.*

(Monet, *Inventaire des deux langues françoise et latine,* 1636.)

Coquille, dans une note sur le mot *toxin* de l'article 309 de l'ordonnance de Blois, s'exprime ainsi :

« Il faut dire *toquesaint,* car en ancien langage françois, qui est encores usité en quelques provinces, saint, signifie une cloche, dont sont dits *saintiers* les fondeurs de cloches, et de là le proverbe quand on dit : le bruit estoit si grand *qu'on n'oyroit pas les saints sonner ;* toquer en langue picarde, c'est toucher. »

(Œuvres de *Cuy Goquille,* 1666, t. I, p. 111.)

---

(1) En provençal *tocar.*

Ces prédicateurs de leurs chaires publiques font un *tocsin* de sédition.

(Nicolas Pasquier, *Lettre* 5, t. II, p. 1420.)

Tocsin, s. m. Bruit d'une cloche qu'on sonne [à coups pressés et redoublés pour donner l'alarme, pour avertir du feu, etc. *Dès que l'ennemi parut on sonna le tocsin*, etc.,

(*Dict. de l'Ac. fr.*, 1re édit., 1694.)

L'Académie a suivi cette orthographe dans les autres éditions de son Dictionnaire.

Nous avons dit précédemment que le peuple ne prononçait pas l'*e* muet au milieu des mots, et pour donner des exemples de l'influence que ce mode de prononciation a exercée sur notre orthographe, nous avons pensé qu'il était nécessaire de présenter l'historique des mots *serment*, *esprit*, *courtier* et autres mots dont on a retranché dans l'orthographe moderne l'*e* muet médial qu'ils possédaient autrefois.

Il est aussi deux mots sur l'orthographe desquels nous devons entrer dans quelques détails : ce sont les mots *bourrelet* et *charretier*.

Au XVe siècle, on écrivait *bourrelet* (1); au XVIe siècle et au XVIIe, on se servait des deux formes *bourlet*

---

(1) Diminutif de l'ancien français *burel* ou *bourel* qui signifiait bure et amas de bourre. Le diminutif *bourrelet* ne se montre guère dans notre langue que vers le XVe siècle ; avant cette époque on se servait dans ce sens de *bourel* ou *bouriaus*. — Li bourelier puet enplir ses coliers de boure ou de poil ; mès si l'enplist de l'un, il ne puet pas parenplir de l'autre ;

et *bourrelet*, mais plus fréquemment de la première (1). Le Dictionnaire de l'Académie française (1re édit., 1694) indique *bourrelet* ou *bourlet*. Les autres éditions du Dictionnaire laissent aussi le choix entre ces deux orthographes; ainsi aujourd'hui on peut écrire régulièrement *bourrelet* ou *bourlet*, mais entre ces deux formes quelle est la différence? *Bourrelet* ainsi orthographié rappelle l'étymologie; c'est le mot écrit selon les règles de formation régulière et grammaticale. *Bourlet* écrit de cette manière représente le son; c'est le mot tel qu'on l'entend sortir de la bouche du peuple, c'est le mot contracté conformément aux habitudes traditionnelles du langage populaire.

Nous venons de dire qu'à l'égard de certains mots, tels que *serment*, *esprit*, *courtier*, etc., la forme populaire

---

et se il le fesoit, li *bouriaus* seroit ars et li bourelier seroit en l'amende le roi, au taxement le prevost de Paris (Estienne Boileau, *Le livre des mestiers*, p. 221).

(1) *Bourlet* ou *bourrelet* (Jehan Thierry, *Dic. fr.-latin*, 1564).

Si monsieur le Legat me commande seulement de leur aller mettre la main sur le collet, il n'y a ny bonnet quarré ny *bourlet* que je ne fasse voler s'ils m'eschauffent trop les oreilles (*Satyre Ménippée*, édit. de Ratisbonne, t. I, p. 100).

Bourlet fait par syncope de cest entier *bourrelet* (Nicot, *Thrésor de la langue française ancienne et moderne*, 1606). — Les compagnons du *bourlet* esclatent leurs lamentations (d'Aubigné, *Histoire universelle*, liv. II, chap XXIII, édit. de Genève, 1626, t. III, p. 253).

Bourlet, *bourrelet*, cercle, rondeau de toile, ou d'autre étoffe, farci et renflé de bourre, crins ou d'autre chose, servant à divers usages. *Bourlet* du haut des manches. *Bourlet* de ceinture a renplir et relever la ceinture d'un haut de chausses ou le haut d'une cotte de femme. *Bourlet* de coifure. *Bourlet* de chaperon doctoral, magistral, seigneurial ou autre. *Bourlet*, collier bourré du cheval attelé au char. Le *bourlet* sert à conserver le col, les épaules et la poitrine du cheval de traict. (Monet, *Inventaire des deux langues françoise et latine*, 1636).

avait fini par entraîner l'exclusion de la forme grammaticale. Mais il n'en a pas été de même à l'égard du mot qui nous occupe. Ici l'influence de la prononciation populaire s'est manifestée d'une manière moins sensible. En effet, la forme populaire *bourlet* est entrée vers le XVIe siècle dans la langue écrite, mais cette forme n'y est point devenue prépondérante, elle y a pris seulement une place égale à celle de la forme grammaticale *bourrelet*. Ainsi, depuis le XVIe siècle, les deux formes *bourrelet* et *bourlet* sont concurrentes et aujourd'hui, de même qu'autrefois, on peut employer indistinctement l'une ou l'autre forme.

Passons au mot *charretier*. Avant le XVIe siècle, on ne trouve guère ce mot écrit autrement que *charretier* (1); au XVIe siècle, on le rencontre sous la forme populaire *chartier* et sous la forme grammaticale *charretier*, mais plus souvent sous la première (2). Au XVIIe siècle, la forme populaire *chartier* devient la

(1) Les *charretiers* qui ont prins et prendront terres à faire en tasche, ne pourront avoir, ne prendront pour la façon d'un arpent de terre à bled de quatre façons que vingt-quatre sols et non plus, des plus forts à faire et des autres à l'advenant (*Ordonnance* du roi Jean 1er de février 1350; *Ordonnances des rois de France*, t. II, p. 368).— Un *charretier* aura de la Saint-Martin d'hiver jusques la Saint-Jean soixante sols (*même ordonnance*, p. 370).

Elle commande... au *charretier* ou mettoier. (Le *Menagier* de Paris, t. II, p. 62.)

Gueres n'eurent esté en leur ostellerie que voici venir quatre gros loudiers, *charretiers* ou bouviers.. *Les Cent nouvelles nouvelles* XCVIII[e] nouvelle, p. 369).

(2) *Chartier* (Palsgrave, *Éclaircissement de la langue françoise*, p. 203); —*chartier* (Robert Estienne, *Dict. franç.-latin*, 1539).

forme ordinaire et habituelle de ce mot. Citons les exemples suivants :

Chartier conduisant trois chevaux.
(Nicot, *Thrésor de la langue françoise*, 1606.)

Plaustrarius, rii, *chartier*, meneur de chariot.
(Guillaume Morel, *Thesorus vocum omnium latinarum*, 1622.)

Charretier, *chartier* qui conduit le char, la charrette. *Chartier* de longues voitures, *chartier* de village. Il n'est si bon *chartier* qui ne verse.
(Monet, *Inventaire des deux langues françoise et latine*, 1636.)

Chartier. Jurer comme un *chartier*.
(Nathanael Duez, *Dic. italien-françois*, Leide, 1659.)

Chartier, *ière*, subst. qui mène une charrette, ou un chariot, une charrue. Ce *chartier* fait bien claquer son fouet. On dit proverbialement, il n'est si bon *chartier* qui ne verse pour dire il n'y a point d'homme si habile qui ne fasse quelque

---

Et toi aussi, ô Bootes *chartier*.
(François Hubert, *Les quinze livres de la métamorphose d'Ovide, interprétez en rime francoise*, Paris, 1557, fol. 40.)

Si n'est elle point marrie d'avoir esté priée, ny ne sçaura jamais mauvais gré à celui qui en portera la parole et fust-ce à l'heure du *chartier*. (François d'Amboise, *Les Napolitaines*, comédie ; *ancien théâtre françois*, édit. Jannet, p. 247).

Charretier (*Dict. des rimes françoises*, de Jean Lefèvre, Paris, 1587, fol. 124, verso).

Je feuilletois, il n'y a pas un mois, deux livres escossois, se combattants sur ce subject : le populaire rend le roy de pire condition qu'un *charretier*; le monarchique le loge quelques brasses au-dessus de Dieu, en puissance et souveraineté.
(Montaigne, *Essais*, liv. III, ch. VII.)

faute. On dit aussi d'un grand jureur : il jure comme un *chartier* embourbé.

(Furetière, *Dictionnaire universel.*)

Pour venir au *chartier* (1) embourbé dans ces lieux.

(Lafontaine, liv. VI, fable XVIII.)

A cette époque, c'est rarement que l'on trouve ce mot écrit *charretier*.

Le Dictionnaire de l'Académie française, dans sa première édition (1694), laisse le choix entre *charretier* ou *chartier*, et dans les exemples cités ces formes sont employées sans distinction.

« *Charretier* ou *chartier, chartière. Bon charretier. Il jure comme un chartier embourbé.* On dit proverbialement qu'*il n'y a si bon chartier qui ne verse* pour dire que les plus habiles font quelquefois des fautes. »

(*Dict. de l'Ac. fr.*, 1re édit. 1694.)

Les deux éditions suivantes du Dictionnaire (1718 et 1740) indiquent également *charretier* ou *chartier;* mais c'est la forme *charretier* qui figure seule dans les phrases données pour exemple.

« *Charretier* ou *chartier, chartière*, sub. Qui conduit une charrette. *Bon charretier.* On dit proverbialement : *il jure comme un charretier embourbé. Charretier* se dit aussi de celui qui mène une charrue. — On dit proverbialement qu'*il n'y*

---

(1) On a dit à tort que Lafontaine avait écrit *chartier* au lieu de *charretier* par licence poétique. C'était l'usage de son temps de l'écrire de la première manière comme l'indiquent les auteurs précités. Cette remarque n'a pas échappé à la sagacité de Walckenaer dans son commentaire de Lafontaine.

a si bon charretier qui ne verse, pour dire que les plus habiles font quelquefois des fautes. »

(*Dict. de l'Ac. fr.* 2e édit. 1718, 3e édit. 1740.)

Enfin, à partir de la quatrième édition publiée en 1762, la forme populaire *chartier* est tout à fait exclue du Dictionnaire qui n'autorise désormais que l'emploi de la seule forme *charretier*.

« *Charretier*, ière, subs. Qui conduit une charrette. *Bon charretier*, etc. »

(*Dict. de l'Ac. fr.* 4e édit. 1762, 5e édit. 1798, 6e édit. 1835.)

Telles ont été, si l'on peut parler ainsi, les phases diverses des deux formes de ce mot. La forme populaire a eu sa période de prépondérance du XVIIe siècle jusque vers le milieu du XVIIIe; mais, depuis cette dernière époque, cette forme a disparu entièrement de l'écriture pour faire place à la forme grammaticale.

Comme on peut le remarquer, il est arrivé pour le mot *charretier* tout le contraire de ce qui s'est produit pour *serment*, *esprit* et autres mots précédemment cités. Ceux-ci avaient à l'origine un *e* muet médial que l'influence de la prononciation populaire leur a fait perdre sans retour, tandis que le mot *charretier*, qui, à l'époque de sa formation, s'écrivait comme aujourd'hui avec un *e* muet médial, n'a perdu que pendant quelque temps, sous l'influence de la prononciation populaire, cet *e* muet médial, et a fini par recouvrer cette voyelle qui de nouveau figure à présent comme autrefois dans l'orthographe régulière de ce mot.

Horace n'a-t-il pas dit :

Multa renascentur quæ jam cecidere, cadentque
Quæ nunc sunt in honore vocabula, si volet usus,
Quem penes arbitrium est, et jus et norma loquendi.
(*Horatii Flacci de Arte poeticâ*, v. 70 à 73.)

Le mode de prononciation populaire qui consiste à retrancher la voyelle *e* au milieu des mots, a aussi influé sur l'orthographe du verbe *éplucher* (1). En effet, ce mot que l'on trouve sous la forme *espelucher* a perdu l'*e* muet médial qu'il possédait dans l'ancienne langue.

Selonc la lettre des escriz
Vus mustrerai d'une suriz
Ki par purchaz è par engin
Aveit manaige en un mulin.
Par essemple cunter vus vueil,
C'un jur s'asist desor le sueil,
Ses grenones (moustaches) apareilla
Et de ses piez *s'espelucha*,
(Marie de France, *Poésies*, *fable* 3. t. II, p. 68.)

La forme contracte et populaire *esplucher* se rencontre dès le XIVe siècle :

« Jasoit ce qu'ils sont aucunes femmes qui pardessus la raison et sens de leurs maris veulent gloser et *esplucher*, et encores pour faire les sages et les maistresses, font-elles plus devant les gens que autrement, qui est le pis. »
(*Le Menagier de Paris*, t. I, p. 131.)

(1) Formé du préfixe *es* et de *peluche*. Le simple existe dans le provençal *pelucar* et dans l'italien *piluccare*.

Diez tire ce dernier mot à l'aide du suffixe *uc*, du latin *pilare*, arracher les cheveux, les poils, épiler.

« *Esplucher* chaque lettre d'une loy, litteras legis perscrutari. »

(Robert Estienne, *Dic. franç.-latin*, 1539.)

« Tous ne peuvent *esplucher* du safran, il faut que les aulcuns *espluchent* des poys. »

(Palsgrave, *l'Eclaircissement de la langue françoise*, p. 657.)

Quelques savants ont essayé, au XVIIe siècle, de restituer au mot *éplucher* son *e* médial. Ainsi, par exemple, le père Philippe Labbe dans ses *Étymologies françaises* (Paris, 1661, p. 382) écrit *épelucher*.

Mais ces tentatives ont été sans succès et ce mot a conservé sa forme contracte et populaire.

Il importe de remarquer que si, à l'égard des mots composés *éplucher*, *éplucheur*, *épluchure*, que nous écrivons sans *e* médial, la forme populaire a obtenu l'avantage sur la forme grammaticale, celle-ci s'est maintenue et a conservé cet *e* dans les mots simples *peluche*, *pelucher*, *pelucheux*. Telle est la cause des différences de formes qui existent entre ces mots appartenant à la même famille.

Le Dictionnaire de l'Académie française (6e édition, 1835) donne « *capron* ou *caperon*, s. m., sorte de grosse fraise ». Les éditions précédentes du même Dictionnaire indiquent seulement *capron* (1). Entre ces deux formes *capron* et *caperon*, quelle est la différence ?

(1) Selon Ménage (*Dic. étymologique*), ces fraises, ayant été nommées *capiron*, ont pu être dites ainsi par assimilation avec une petite tête. M. Littré rattache l'étymologie de ce mot à *chaperon* autre forme de *capron*, en bas latin *caparo*, *capero*, *capiro*, dérivé de *capa*, chape.

Capron est la forme contracte due à l'influence de la prononciation populaire ; *caperon* est la forme grammaticale. L'Académie laisse le choix entre ces deux orthographes.

Le peuple ne prononce pas l'*e* muet qui, dans les adverbes terminés en *ment*, est placé devant cette terminaison. Ainsi il dit, par exemple : *loyalment, sutilment*, *cruelment*, *grandment*, au lieu de *loyalEment*, *subtilEment*, *cruellEment*, *grandEment*. Ce mode de prononciation remonte au temps du français primitif et se rattache au système de formation originaire de notre langue. En effet, les adjectifs qui en latin n'avaient qu'une forme pour les deux genres, n'avaient aussi qu'une terminaison dans la langue derivée. *Brevis*, *grandis*, *crudelis*, *legalis*, *subtilis*, formèrent, en français originaire, *brief*, *fort*, *grand*, *cruel*, *loyal*, *vil*, *subtil*, qui servaient également pour le masculin et pour le féminin. La terminaison *ment*, dérivée du latin *mens*, *mentis*, en s'unissant à l'adjectif, donna l'adverbe, et on eut *briefment* (1), *forment* ou *fortment* (2),

(1) Pitusement plurent andui
Plangent lur bone companie
K'isi *brefment* ert departie.

(*Tristan*, publié par F. Michel, t. II, p. 52.)

E au plus tres *briefment* qu'il peut.

(*Fabliaux et Contes*, t. I, p. 214.)

Ne sai que plus *briefment* vous die.

(*Rutebeuf*, édit. Jubina, p. 195.)

(2) *Forment* se laidangerout ambediu li baron.

(*Chanson des Saxons*, t. II, p. 6.)

granment ou *grantment* (1), *cruelment* (2), *loialment* (3),

---

Dunc agreva Deus sa main sur cels de Azote e de la cuntrée, *forment* les descunfist.

(*Les Quatre Livres des Rois*, p. 18.)

Dont li legas se courrouça mout *forment* à moy.

(Joinville, p. 115.)

Hebraïce *fortment* lo dis

. . . .

Jhesus *fortmen* dunc recridet.

(*La passion du Christ* dans la *Chrestomathie de l'ancien françois*, par Bartsch, p. 12.)

(1) Li reis Yram de Tyr truvad al rei Salomun mairen de cèdre, e de sap, e de cyprès, e or *granment* à faire les ovres del temple e de sun demeine paleis.

(*Les Quatre Livres des Rois*, p. 268.)

Si vus devez *grantment* durer.

(*Théâtre français au moyen âge*, publié par Monmerqué et Fr. Michel, p. 12.)

Il ne tarda pas *grantmant* après ce que li frère le roy furent parti d'Acre.

(Joinville, p. 157.)

(2) Et quant ils meffont li baillis les doit plus *cruelment* pusnir de lor meffet que nule autre manière de gent.

(Beaumanoir, *Coustumes du Beauvoisis*, chap. I, § 9, t. 1, p. 25.

Comant li peres traveilloit
Son sol enfant si *cruelment*.

(*Roman de Dolophatos*, édit. Jeannet, p. 316.)

Si s'amende de ses mesfais en tel manière que Diex ne fière en li ne en ses choses *cruelment*.

(Joinville, p. 15.)

(3) Nous aiderons, conseillerons et confererons *loialment* l'un l'autre.

(*Chronique de Jan van Heilu*, publiée par Willems, année 1291, p. 540.)

... Il leur donnoit les bénéfices de Sainte Eglise en bone foy, *loialment* et selonc Dieu.

(Joinville, p. 249.)

vilment (1), *subtilment* ou *soutilment* (2). Mais vers la fin du XIVe siècle, lorsque les tendances de régularisation des formes grammaticales eurent fait ajouter un *e* muet au féminin des adjectifs, qui n'avaient primitivement qu'une seule terminaison pour le masculin et pour le féminin, les mêmes tendances firent adopter les nouvelles formes féminines dans la composition des adverbes terminés en *ment*, on eut alors pour le féminin *briève, forte, grande, cruelle, loyale, subtile,* dont on forma les adverbes *brièvement, fortement, grandement, cruellement, loyalement, subtilement* (de Chevallet, *Origine et formation de la langue française*, t. III, p. 287 et 288).

Ce fait, qui a son importance dans l'histoire de notre orthographe, n'a exercé sur la prononciation populaire qu'une faible influence (3). En effet, le peuple, qui

---

(1) Et getoit *vilment* en gaiole.

(*Partonopeus de Blois*, v. 2570.)

Et les Romains ocist *vilment*.

(*Roman de Brut*, t. I, p. 266.)

(2) Et ce demonstret Jheremies bien et *subtilment* quand il nos volt ensengnier queiz choses avenoient en nos.

(*Livre de Job* à la suite des *Quatre livres des Rois*, p. 445.)

Et si *soutilment* le fait li dyables...

(Joinville, p. 11.)

(3) Il est resté dans notre orthographe actuelle quelques traces de l'ancien usage. En effet, nous écrivons aujourd'hui *gentiment* et non pas *gentillement*. Dans le français primitif on écrivait *gentilment;* l'euphonie a fait supprimer le *l* devant le *m*.

Lors veissiez haubers aprester vistement...
Et enhanter ces fers de glaive *gentilment*.

(*Chronique de Bertrand du Guesclin*, par Cuvelier, t. II, p. 162.)

ne tient point compte des innovations orthographiques, a gardé pour les mots dont il s'agit l'ancienne prononciation, telle qu'elle était indiquée par l'orthographe primitive. Ainsi le peuple a continué de prononcer, comme autrefois : *cruelment*, *grandment*, *loyalment*, préférant ce mode vif et concis à l'articulation sourde et traînante indiquée par l'orthographe moderne : *cruellEment*, *grandEment*, *loyalEment*.

Certains mots terminés en *ment* ont, par suite de l'influence de la prononciation populaire, perdu dans l'orthographe moderne l'*e* muet dont cette terminaison *ment* était autrefois précédée.

Tels sont, par exemple, les substantifs *châtiment*, *éternument*, *dénûment*, et les adverbes *dûment*, *vraiment*, *hardiment*, *privément*, *crûment*, qui s'écrivaient dans notre ancienne orthographe avec *e* muet placé devant la syllabe finale, *chastiement* (1),

---

Au XIVe siècle on rencontre les deux formes *gentiment* et *gentillement*. Mais cette dernière forme, que l'on trouve encore dans Monet (*Inventaire des deux langues françoise et latine*, 1636), a cessé d'être employée vers le milieu du XVIIe siècle. Molière, madame de Sévigné ne se servent que de *gentiment* :

« Mais je voudrais que cela fût mis d'une manière galante, que cela fût tourné *gentiment*. »

(Molière, *le Bourgeois gentilhomme*, acte II, sc. VI.)

« J'ai été fort aise de sçavoir..., que le petit discours a été bien et *gentiment* prononcé. »

(*Mme* de Sévigné, *lettre* 329.)

La forme *gentiment* figure seule dans toutes les éditions du Dictionnaire de l'Académie française.

(1) Quant j'oï ce *chastiement*,
Je répondi iréement.

(*Roman de la Rose*, édit. Méon, t. I, p. 124, v. 3085.)

éternuement (1), *dénuement* (2), *deuement* (3), *vraiement* (4), *hardiement* (5), *privéement* (6), *cruement* (7).

Dans la dernière édition de son Dictionnaire (1835),

Il est bon à veoir que la coustume de louer la vertu mesme de ceulx qui ne sont plus, ne vise pas à eulx, ains (mais) qu'elle fait estat d'aiguillonner par ce moyen les vivants à les imiter : comme les derniers *chastiements* sont employéz par la justice, plus pour l'exemple, que pour l'intérest de ceulx qui les souffrent.

(Montaigne, *Lettre à M. de Foix*.)

(1) . . . le troisième est l'*esternuement*.

(Montaigne, *Essais*, liv. III, chap. VI.)

(2) Je me retracte encore de ce que j'ay dit que *denuement* ne valoit rien. (Bouhours, *Suite des remarques nouvelles sur la langue françoise*, 1692, p. 466.)

(3) *Deuement*, adv. terme de palais. D'une manière juste et raisonnable. Cette procédure a été bien et *deuement* faite. Il a été bien *deuement* atteint et convaincu. Il l'a payé bien et *deuement*.

(Furetière, *Dictionnaire universel*.)

(4) Ceste est *vraiement* cele très ligière et très claire nue sor cuy le profète avoit davant dit qu'il monteroit por dexendre en Egipte.

(*Sermons de saint Bernard* à la suite des *Quatre livres des Rois* publiés par Leroux de Lincy, p. 526 et 527.)

(5) Plus *hardiement* que nuz hon,
Certainement jurent et mentent.

(*Roman de la Rose*, édit. Méon, t. III, p. 180, v. 18335.)

S'eslisez iij messages an ceste vostre gent
Qui facent vos besoigne bien et *hardiement*.

(*Chanson des Saxons*, p. 37, t. XXI.)

(6) Por vos meismes solacien
Quant vos estes *priveement*,
Le chanter pas ne vos défent.

(*Robert de Blois, chastoiement des dames*, dans les *fabliaux et contes*, nouv. édit. par Méon, t. II, p. 194.)

(7) Ce propos, encore qu'il soit dit un peu *cruement* et temerairement, pourroit sembler véritable.

(Amyot, *Hommes illustres, Phocion*, 1.)

l'Académie française conserve encore certains doutes relativement à l'orthographe de quelques mots de cette classe. Ainsi, dans les mots suivants, l'Académie autorise l'emploi de deux formes différentes, et elle écrit *aboiement* ou *aboîment*, *remercîment* ou *remerciement*, *remuement* ou *remûment*, *tournoiement* ou *tournoîment*, *gaiement* ou *gaîment*. D'autres fois, l'illustre compagnie laisse au mot son ancienne orthographe en indiquant la prononciation. C'est ainsi qu'elle écrit *maniement*, *remaniement*, *enrouement*, *engouement*, *enjouement* en disant qu'on prononce *manîment*, *remanîment*, *enroûment*, *engoûment*, *enjoûment*.

§ II. — De la soustraction de la consonne *r*.

Le peuple a une certaine tendance à ne pas prononcer la consonne *r* placée dans le corps du mot, lorsque cette lettre est précédée ou suivie d'une autre consonne. Par exemple, les gens du peuple disent :

mé*c*redi	au lieu de	me*r*credi ;
pro*p*iétaire et même po*p*iétaire	—	prop*r*iétaire ;
pro*p*iété ou po*p*iété	—	prop*r*iété ;
pro*p*'ment	—	prop*r*ement ;
sou*c*i	—	sou*r*cil ;
sè*q*ue	—	ce*r*cle ;
se*c*ler	—	ce*r*cler ;
sa*c*ler	—	sa*r*cler ;
sa*c*loir	—	sa*r*cloir ;
*t*ois	—	t*r*ois ;
*t*oisième	—	t*r*oisième ;
*t*uanderie	—	t*r*uanderie.

De même, le peuple supprime quelquefois la consonne *r* du verbe *parler* et du nom propre *Charles*, et il prononce *paler* et *Chales*. *Pourquoi qu'tu pales de ça*, pour *pourquoi parles-tu de cela*.

Un grammairien du XVIe siècle, Charles de Bouvelle, observe que « la liquide *r* a besoin d'une aspiration un peu plus forte que celle de la liquide *l*. C'est ce qu'on remarque chez les enfants qui, ayant les organes encore trop faibles, remplacent souvent le son rude de l'*r* par le son plus doux de l'*l*, et qui prononcent, par exemple, *mon palin* pour *mon parrain*, du *lôt* pour du *rôt*, *Cateline* pour *Catherine*. Les Parisiens font la même faute ; en effet, toutes les fois que dans le milieu d'un mot français un *r* se trouve suivi d'un *l*, ils prononcent ce mot avec deux *ll*, par exemple dans ces mots : *Charles*, *varlet*, *parler* (pour *paroller*), *marle*, ils disent, en changeant *r* en *l*, *challes*, *vallet*, *paller*, *malle* (1), qui signifie *mâle* (2). »

---

(1) Au XIIIe siècle on rencontre les deux formes *malle* et *marle* signifiant *mâle*.

Car tèle estoit la coustume dou pays qui li daerains (dernier) enfans a tout, s'il ni a hoir *malle*.

(La *Chronique de Rains*, publiée par Louis Paris, p. 190 et 191.)

Si comme s'il avient que une feme a deus enfans *marles* jumiax, et li ainsnés en veut porter l'ainsneece.

(Philippe de Beaumanoir, *Coutumes de Beauvoisis*, chap. XXXIX, § 31, t. II, p. 113.)

Dans le patois de la Flandre on dit encore *marle* pour *mâle*.

(Vermesse. *Dict. du patois de la Flandre française*, Douai, 1867, p. 328.)

(2) Has quippe duas L et R, latini liquidas et sæpe quidem numero liquentes appellant : ut fit in his clamor, claritas pratum, primum. Est au-

L'usage a fini par donner raison à la prononciation parisienne pour le mot *valet*, dont les formes anciennes étaient *vaslet* et *varlet* (1). Ces mots signifiaient d'abord jeune homme, garçon, fils, gentilhomme qui n'était point encore armé chevalier, écuyer; puis apprenti, compagnon; enfin domestique, serviteur.

Oez à quei li dux tendeit :
Doux enfanz de sa femme aveit,
L'uns est *vaslez*, l'autre danzèle
En tot le munt n'avait plus bele;
Et s'aveit non Hues Capez
Et vos sai bien dire, li *vaslez*
Et la pucelle aveit non Emme.

(*Chronique des ducs de Normandie*, t. II, p. 84.)

Encor n'avoit la mere son filz reconnéu
Car biau *varlet* estoit et fort et parcéu.

(*Nouveau recueil de contes*, t. I, p. 58.)

Jehan Dartois *varlet* du roi notre seigneur et bailli de Reims.

(*Lettre de rémission de l'année* 1362; Ducange, v° *Valetus*.)

---

tem L in labis mollior, R vero paulo asperior ; quod faciie in infantibus experiri libet, quorum blœsa et tenera adhuc labia, loco R, quippe asperioris, sæpe effantur L molliorem, ut in his liquet *mon palin*, pro *mon parrain*, *du lost*, pro *du rost*, *Cateline* pro *Caterine*. Parrhisii hoc vitio laborant, ut quotiens R in media vulgari dictione præit L, conflent duplicem LL, ut in his *Charles*, *varlet*, *parler* à parabola quasi *parroller*, *marle*. Dicunt enim versa R in L, *challes*, *vallet*, *paller*, *malle* quod masculum signat (*Caroli Bovilli Samarobrini liber de differentia vulgarium linguarum et gallici sermonis varietate*, etc., *Parisiis ex officina Roberti Stephani*, 1533, p. 32.)

(1) Dans *varlet*, l'*s* de *vaslet* s'est changé en *r* comme dans *orfraie* de *ossifraga*.

Que aucun barbier ne doit oster ou soustraire à un autre barbier son aprentis ou *varlet.*

(*Statuts de Charles V pour les barbiers,* 1371 ; *Ordonnances des rois de France,* t. V, p. 44.)

Dès le XIVe siècle, on se servait de *varlet* pour signifier domestique.

Les communes gens disent : « quant *varlet* presche à table et cheval paist en gué, il est tems qu'on l'en oste et que assez y a esté. »

(*Le Menagier de Paris*, t. II, p. 70.)

Au XVIe siècle, on écrivait *varlet* et *valet.*

Varlet de chambre, *varlet* de cuisine, *varlet* de gens d'armes.

(Robert Estienne, *Dict. franç.-latin*, 1539.)

... Il est inhumain et injuste de faire tant valoir cette telle quelle prérogative de la fortune ; et les polices où il se souffre moins de disparité entre les *valets* et les maistres me semblent les plus équitables.

(Montaigne, *Essais,* liv. III, chap. III ; édit. Leclerc, t. IV, p. 211.)

Le mot *valet* anciennement s'adaptoit fort souvent à titre d'honneur près des rois : car non-seulement on disoit *valet* de *chambre* ou *garderobe*, mais aussi *valets tranchants* et d'escurie. Et maintenant le mot de *valet* se donne dans nos familles à ceux qui entre nos serviteurs sont de moindre condition et quasi par contemnement et mépris :

Vray est qu'il avoit un valet
Qu'on appeloit *nihil valet.*

dit Marot en se moquant.

(Estienne Pasquier, *Recherches de la France,* liv. VII, chap. III, t. I, p. 764.)

Nicot (*Trésor de la langue françoise ancienne et moderne*, 1606), indique *varlet* ou *valet*.

Mais sous Louis XIV, la forme orthographique *valet* était seule en usage.

On a dit dans l'ancien français *forbourg* pour *faubourg*. C'est à l'influence de la prononciation du peuple que, dans la première syllabe de notre mot *faubourg* (pour *fôbourg*), on doit attribuer le retranchement de l'*r* de la syllabe initiale du vieux mot *forbourg* (1).

Tout cil qui sunt demourans el *forbourc* de Paris, c'est à savoir hors des murs, sunt tenu à forain, et s'aquitent en totes choses come forain, selonc les us del mestier dont il sunt, se il ne sont franche pour estre haubanier le roy.

(Estienne Boileau, *Le livre des métiers*, p. 296.)

Flamanz vers Corbie s'aroutent
Par touz les hamiaus le feu boutent;
Moustiers, yglises n'i esgardent,
De Corbie les *fors-bours* ardent...
Li fourrier qui au roy contancent,
Par les *fors-bours* le feu relancent.

(*Branche des royaux lignagers*, chronique métrique de Guillaume Guiart, t. I, p. 47, v. 568.)

---

(1) *Forbourg* en bas latin *foris burgum*; de *foris* hors et de *burgum* bourg. Cette étymologie, dit M. Littré (*Dict. de la langue française*), est certaine pour toutes les formes *forborq*, *horsborc*, *forbou*, etc. Mais faut-il aussi y rattacher *fauxbourg*, *faubourg*, *fôborg*? Si on considère les textes, on voit que *fauxbourg* est relativement recent; et dans le bas latin même, Du Cange ne cite *falsus burgus* que dans une pièce de 1380; sans doute on peut concevoir que des *fors-bourgs* aient été ainsi appelés des *faux bourgs*, des *bourgs faux*; cependant, tant qu'on n'aura pas apporté des textes anciens qui donnent *faux bourgs*, il vaudra mieux croire que *faubourg* est une altération de *forbourg*, prononcé *fôbourg* (le parler vulgaire ayant quelquefois supprimé l'*r*), puis finalement pris pour *faux bourg*.

Patenôtre dérivé de *pater noster* s'est dit et écrit autrefois *patrenostre*, *paternostre*.

Il puet estre patrenostriers à Paris qui veut, c'est a savoir faisières de toutes manières de *patrenostres* et de boucletes à saulers (souliers) que on fait de laiton, de archal et de quoivre neuf et viès et de noians a robe que on fait des os, de cor, de yvoire, se il set le mestier.

(Estienne Boileau, *Le livre des métiers*, p. 97 et 98.)

Mon doulx cuer, je vous envoie ce que vous m'avez mandé et vos *paternostres* et vous promet loyalment que je les ai portées, tout en l'état que je vous les envoie, deux nuis et trois jours, sans oster d'entour moi.

(*Agnès de Navarre à Guillaume de Machault;* De la Borde, *Notice des émaux*, p. 433.)

Mais sous l'influence de la prononciation populaire la consonne *r* de *patre* ou *pater* a été de bonne heure retranchée et on a prononcé et écrit *patenostre*, *patenôtre*.

Une *patenostre* i a
A ung blanc laz de fil penduës
Qui ne lui furent pas venduës.

(*Roman de la Rose*, édit. Méon, t. II, p. 384, v. 12252.)

Unes *patenostres* d'or signées à enseignes de tabliers et eschiquiers.

(*Inventaire de Charles V;* De la Borde, *Notice des émaux*, p. 433.)

Il disoit la *patenostre* du singe (1).

(Rabelais, *Gargantua*, liv. I, chap. XI.)

---

(1) C'est, dit Oudin (*Curiosités françoises*, 1640), claquer des dents, de colère ou autrement, gronder, grommeler.

Patenostre. s. f. On appelle ainsi parmi le peuple l'Oraison dominicale et on comprend ainsi sous le même nom le Pater, l'Ave et les autres premières prières qu'on apprend aux enfans... il se dit aussi populairement pour toutes sortes d'autres prières chrétiennes. (*Dic. de l'Ac. fr.*, 1re édit., 1694 ; 2e édit., 1718; 3e édit., 1740; 4e édit., 1762; 5e édit., 1798.)

Patenôtre. s. f. L'Oraison dominicale ou le *Pater noster*. On comprend aussi sous ce nom l'*Ave* et les autres prières qu'on apprend aux enfans... Il se dit aussi de toutes sortes d'autres prières chrétiennes.

(*Dic. de l'Ac. fr.*, 6e édit., 1835.)

Comme on le voit, ce n'est que depuis la sixième édition de son Dictionnaire, publiée en 1835, que l'Académie française ne considère plus *patenôtre* comme un terme populaire.

Nous disions à l'instant que l'influence de la prononciation populaire avait amené dans l'orthographe des mots *valet, faubourg* (prononcé *fôbourg*), *patenôtre*, la suppression de l'*r* des anciens mots *vaRlet, foRbourg, patREnostre.*

Le même fait s'est produit pour le mot *patois* dit pour *patrois*, dérivé du bas latin *patriensis*, signifiant homme du pays, indigène.

On lit le mot *patrois* pour *patois* dans le passage suivant d'un manuscrit du *Trésor* de Brunetto Latini :

« Et se aucuns demandoit porqoi cest livre est scrites en romains selonc le *patrois* de France, puisque nos somes Italiens, je dirois que nos somes en France... (1) »

(*Bibliothèque impériale*, no 113. — *Ancien* no 7366, *ancien fonds.*)

---

(1) M. Chabaille, qui, dans son édition du *Tresor* de Brunetto Latini, donne sur ce passage (p. 3, note 48) les variantes des différents manuscrits, a omis d'indiquer celle que nous transcrivons ici.

M. Littré fait remarquer que « dans la *Chronique scandaleuse de Louis XI* le mot *patois* est employé avec le sens de localité, pays, ce qui concorde avec l'explication de *patois* par *patrois*. Le provençal a *pati*, pays. Dans le Midi, on dit *un patois*, *une patoise*, pour un compatriote, une compatriote. Tout cela emporte la balance, et il faut admettre que l'*r* a disparu. »

(*Dictionnaire de la langue française*, v° *Patois*.)

Dans l'ancien français, on disait *merquedi*, *merquerdi*, *mercredi* et *mécredi*.

Ensi demorèrent jusques au *merquedi* de Pasques.
(Ville-Hardouin, CLII, édit. Paulin Paris, p. 117.)

Je voz paierai dix livres *merquerdi* dedans prime.
(Philippe de Beaumanoir, *Coutumes de Beauvoisis*, chap. xxxv, § 27, édit. du comte Beugnot, t. II, p. 54.)

Les deux formes *mercredi* et *mécredi* se trouvent dans Joinville :

Toute celle semaine fumes en festes et en quarolles (danses), que mes frères li sires de Vauquelour et li autre riche home qui là estoient, donnèrent à mangier chascuns li uns après l'autre, le lundi, le mardi, le *mercredi* et le jeudi.
(Joinville, p. 40.)

Li roys nous respondi que il ne descenderoit jà de sa nef jeusques à tant que il venroit à Aiguemorte, qui estoit en sa terre. En ce point nous tint li roys, le *mecredi*, le jeudi, que nous ne le peumes onques vaincre.
(*Id.*, p. 233 et 234.)

Au XVIe siècle, la forme *merquedi* n'était plus en usage ; mais on rencontre les deux formes *mercredi* et *mécredi*.

Le *mercredi* absolu (saint) premier jour d'avril l'an 1555 en prononçant les arrests par monsieur le premier président, etc.

(Papon, *Recueil d'arrêts notables des cours souveraines de France*, 1568, p. 168.)

Mercredi, mercurii dies.

(Robert Estienne, *Dict. franç.-latin*, 1539; Jehan Thierry, *Dict. franç.-latin*, 1564.)

Par son conseil les syndiques et seigneurs de la ville firent crier à son de trompe que chacun eust à s'humilier devant Dieu, frequenter mieux les sermons, nommement les jours de dimanche et de *mecredi*.

(Theodore de Beze, *Histoire de la vie et de la mort de Calvin*, p. 96 et 97.)

Le *mecredi* deuxième jour du dit mois (février 1664) il fit son dernier sermon du Livre des Rois.

(*Id. ibid.*, p. 103.)

Au XVIIe siècle, *mécredi* était employé de préférence à *mercredi*.

Mecredi, Mercurii dies.

(Nicot, *Thresor de la langue françoise ancienne et moderne*, 1606.)

« La saine opinion et le meilleur usage, dit Vaugelas (*Remarques sur la langue française*, t. III, p. 49), est non seulement de prononcer, mais d'écrire *mécredi* sans *r* et non pas *mercredi*. »

Le Père Chifflet, dans sa *Nouvelle et parfaite Grammaire française* (1680, p. 250), dit aussi : « l'on prononce et l'on écrit *mécredi* et non pas *mercredi.* »

Thomas Corneille, dans ses notes sur Vaugelas, s'exprime ainsi en parlant des mots *mécredi* et *mercredi :* « Je crois l'un et l'autre bon. *Mécredi* est le plus doux, il est aussi le plus usité. »

Richelet (*Dictionnaire françois,* 1680), v° *Mécredi,* dit : « Autrefois on disoit *mercredi,* mais aujourd'hui il n'y a que *mécredi* qui soit en usage. »

Furetière (*Dictionnaire universel,* 1690) écrit *mercredi* en faisant remarquer que l'on dit aussi *mécredi.*

Dans les premières éditions du Dictionnaire de l'Académie française (1694, 1718, 1740), on lit : « *Mercredi,* s. m. Plusieurs écrivent et prononcent *mécredi.* » Mais à partir de la quatrième édition publiée en 1762, cette remarque ne figure plus dans le Dictionnaire. Ainsi, depuis cette époque, *mercredi* est la seule forme de ce mot que le bon usage de la langue accepte, tant dans la prononciation que dans l'orthographe. Toutefois, le peuple, conformément à ses habitudes traditionnelles, continue de prononcer *mécredi* au lieu de *mercredi.*

BIBLIOGRAPHIE

LISTE ALPHABÉTIQUE DES AUTEURS

ET DES OUVRAGES CITÉS.

AMPÈRE. *Histoire de la formation de la langue française*. Paris, 1841, in-8°. Cet ouvrage sert d'introduction à l'histoire de la littérature française au moyen âge, du même auteur.

AMYOT (Jacques). *Traduction des œuvres de Plutarque*. (Vies des hommes illustres, Œuvres morales, Œuvres mêlées), nouvelle édition. Paris, 1818, 25 vol. in-8°.

Ancien Théâtre Français ou *Collection des ouvrages dramatiques les plus remarquables*, depuis les mystères jusqu'à Corneille. Paris, 1857, 10 vol. in-18.

ARNOUX (François). *Merveilles de l'autre monde*, contenant les horribles tourments d'Enfer, les admirables joyes de Paradis, avec le moyen d'éviter l'un et d'acquérir l'autre. Rouen, 1622, in-18.

Assises de Jerusalem ou *Recueil des ouvrages de jurisprudence* composés, pendant le XIII° siècle, dans les royaumes de Jérusalem et de Chypres; publiées par le comte BEUGNOT. Paris, 1841-43, 2 vol. in-fol.

AUDIGNÉ (D'). *Les Histoires du sieur d'Aubigné, à Maillé*, par Jean Moussart, imprimeur ordinaire dudit sieur, 1616-1620, 3 vol. in-fol.

AUBRY DE BOISREGARD. *Réflexions sur l'usage présent de la langue françoise* ou remarques nouvelles et critiques touchant la politesse du langage. Paris, 1689, in-12.

— *Suite des Réflexions critiques sur l'usage présent de la langue françoise*. Paris, 1693, in-12.

BACQUET. *Œuvres de Jean Bacquet*, advocat du roy en la chambre du thresor, dernière édition divisée en 5 tomes. Paris, 1621, in-fol.

Baif. *Euvres en rime*, de Jan-Antoine de Baif, secretaire de la chambre du roy. Paris, 1573, in-8.

Bartsch (Karl). *Chrestomathie de l'ancien français*. Leipzig, 1866, in-8°.

Beaumanoir (Philippe de). *Les coutumes du Beauvoisis*, nouvelle édition publié par le comte Beugnot. Paris. 1842, 2 vol. in-8°.

Bernard (Saint) Voyez *Les quatre livres des rois*.

Beze (Théodore de). *Histoire de la vie et mort de M^e feu Jean Calvin*, fidèle serviteur de Jésus-Christ : prinse de la préface de Théodore de Beze au commentaire dudit Calvin sur Josué, ainsi qu'elle est maintenant augmentée et selon l'ordre des temps quasi d'an en an. Genève, 1565, in-12.

— *De francicæ linguæ recta pronuntiatione*, Theodoro Beza auctore, Genevæ, apud Estathium Vignon, 1584, in-12.

Boileau (Estienne). *Réglemens sur les arts et métiers de Paris*, rédigés au XIII° siècle et connus sous le nom du livre des métiers d'Estienne Boileau publiés par Depping. Paris, 1837, in-4°.

Boileau-Despréaux. *Œuvres de Boileau* avec un nouveau Commentaire par Amar. Paris, 1824, 4 vol. in-8°.

Borel. *Trésor de recherches et antiquités gauloises et françoises*, réduites en ordre alphabétique. Paris, 1655, in-4°.

Bouhours. *Remarques nouvelles sur la langue françoise*, seconde édition. Paris, 1676, in-12. — *Suite des remarques nouvelles sur la langue françoise*. Paris, 1692, in-12.

Bouvelle (Charles de). *Caroli Bovilli samarobrini liber de differentia vulgarium linguarum et gallici sermonis varietate*, etc. Parisiis, ex officina Roberti Stephani, 1533, in-8°.

Brunetto Latini. *Li livres dou tresor*, publié par P. Chabaille. Paris, 1863, in-4°.

Buffet (Mlle). *Nouvelles observations sur la langue françoise*, où est traitté des termes anciens et inusitez et du bel usage des mots nouveaux avec les éloges des illustres savantes tant anciennes que modernes, par damoiselle Marguerite Buffet. Paris, 1668, in-12.

Burguy. *Grammaire de la langue d'oïl* ou grammaire des dialectes français aux XIIe et XIIIe siècles, suivie d'un glossaire contenant tous les mots de l'ancienne langue qui se trouvent dans l'ouvrage. Berlin, 1853-56, 3 vol. in-8°.

Calepin. *Ambrosii Calepini dictionarium*. Lugduni, 1534, in-fol.

Chanson de Roland, édition de Théodore MULLER. Gottingen, 1863, in-8°.

Chansons du chatelain de Coucy, revues sur les manuscrits par Fr. Michel. Paris, 1830, in-8.

CHARRON (Pierre). *De la Sagesse*. A Leyde, chez les Elzeviers, 1646, in-12.

CHARTIER (Alain). *Œuvres de maistre Alain Chartier*, clerc, notaire et secrétaire des roys Charles VI et VII. Paris, 1617, in-4°.

Chastoiement d'un père à son fils, traduction en vers français de l'ouvrage de Pierre Alphonse. C'est la seconde partie de la *Discipline de Clergie*, traduction de l'ouvrage de Pierre Alphonse, publiée par la Société des Bibliophiles français. Paris, 1824, 2 vol. in-8°.

CHEVALLET (DE). *Origine et formation de la langue françoise*. Paris 1858, 3 vol. in-8°.

CHIFFLET. *Nouvelle et parfaite grammaire françoise*. Paris, 1680.

Chronique de Bertrand Du Guesclin, par CUVELIER, trouvère du XIVe siècle, publiée par Charrière. Paris, 1839, 2 vol. in-4°.

Chronique des ducs de Normandie, par BENOIT, trouvère anglo-normand du XIIe siècle, publiée par Fr. Michel. Paris, 1836, 3 vol. in-4°.

Chronique rimée de Philippe Mouskes, publiée par le baron de Rieffenberg. Bruxelles, 1836-8, 2 vol. in-8. — Supplément, Bruxelles, 1845, in-8°.

COQUILLE. *Les Œuvres de maistre Guy Coquille, sieur de Romenay*, contenans plusieurs traitez touchant les libertez de l'Eglise gallicane, l'histoire de France et le droict françois. Paris, 1666, 2 vol. in-fol.

CORNEILLE (Pierre). *Œuvres de P. Corneille*, nouvelle édition revue et augmentée de morceaux inédits, de variantes, de notices, de notes, d'un lexique des mots et locutions remarquables, par Marti-Laveaux. Paris, 1862-68, 12 vol. in-8°.

CORNEILLE (Thomas). *Notes sur les Remarques de Vaugelas*. Voyez *Vaugelas*.

DE LABORDE. *Notice des émaux, bijoux et objets divers exposés dans les galeries du Louvre*, 2e partie, *Documents et glossaire*. Paris, 1853, in-12.

DELAMARE. *Traité de la police*, seconde édition. Paris, 1722, 4 vol. in-fol.

DESCHAMPS (Eustache). *Poésies morales et historiques*, publiées par Crapelet. Paris, 1832, in-8°.

DES CRESENS (Pierre). *Le bon mesnaiger*, au présent volume des prouffits champestres et ruraulx est traicté du labour des champs, vignes et jardins, arbres de tous espèces, etc. Le dit livre compilé par Pierre Descrescens, jadis bourgeoys de Boulongne-la-Grasse, nouvellement corrigé, veu et amendé sur les vieils originaulx auparavant imprimez..... 1540. — A la fin du volume on lit : Le present livre fut achevé d'imprimer à Paris, par Estienne Caveiller, le xve jour dapvril mil cinq cens XL. — Petit in-4°.

Desperiers (Bonaventure). *Cymbalum mundi* ou dialogues satyriques sur divers sujets. Amsterdam et Leipzic, 1754, in-12.

Desportes. *Les premières œuures de Philippes Desportes au roy de France et de Pologne* revues, corrigées et augmentées outre les précédentes impressions. Paris, 1583, in-12. — *Œuvres de Philippe Desportes,* avec une introduction et des notes, par Alfred Michiels. Paris, 1858, in-12.

Dictionnaire de l'Académie française, 1re édition, 1694 ;—2e édition, 1718 ; — 3e édition, 1740 ; — 4e édition, 1762 ; — 5e édition, 1798 ; — 6e édition, 1835.

Dictionnaire de Trévoux, nouvelle édition. Paris, 1771, 8 vol. in-fol.

Dictionnaire des rimes françaises, premièrement composé par Jean Lefèvre, Dijonnois, chanoine de Langres et de Bar-sur-Aube, et depuis, augmenté, corrigé et mis en bon ordre par le seigneur Desaccords. Paris, 1587, in-8°.

Dolopathos. Voyez *Roman des sept sages de Rome.*

Du Cange (Charles-Dufresne). *Glossarium mediæ et infimæ latinitatis,* conditum a Carolo Dufresne, Domino Du Cange, cum supplementis integris monarchorum ordinis S. Benedicti D. P, Carpenterii adelungii, aliorum, suisque digessit, g. a, l. Henschel. Parisiis, 1840-50, 7 vol. in-4°.

Duez (Nathanaël). *Dittionnario italiano et francese,* Dictionnaire italien-françois en deux parties, à Leide, chez Jean Elsevier, 1659, 2 vol. in-8°.

Escallier. *Remarques sur les patois,* suivies d'un vocabulaire latin inédit du XIVe siècle, avec gloses et notes explicatives. Douai, 1856, in-8°.

Estienne (Robert). *Dictionarium latino gallicum, thesauro nostro ita in adverso respondens,* etc.. Parisiis, ex officina Roberti Stephani, 1538, in-4°.

— *Dictionnaire françois-latin,* contenant les mots et manières de parler françois, tournez en latin, à Paris de l'imprimerie Robert Estienne, 1539, in-4°.

ESTIENNE (Henri). *La Precellence du langage françois*, nouvelle édition accompagnée d'une étude sur Henri Estienne et de notes philologiques et littéraires, par Léon Feugère. Paris, 1850, in-12.

Fabliaux et contes anciens des poètes français des XIe, XIIe, XIIIe, XIVe et XVe siècles, publiés par Barbezan. Nouvelle édition augmentée et revue par Méon. Paris, 1808, 4 vol. in-8°.

Flore et Blanche Flore, poëmes du XIIIe siècle publies par Edelstand Du Meril. Paris, 1856, in-18.

FONTAINE (Charles). *Sensuivent les ruisseaux de fontaine*, œuvres contenant épitres, élégies, chants divers, épigrammes, odes et étrennes pour cette présente année 1555, par Charles Fontaine, Parisien, à Lyon, par Thibauld Payan, 1555, in-8.

FONTAINES (Pierre DE). *Le conseil de Pierre De Fontaines*, ou *Traité de l'ancienne jurisprudence française*, nouvelle édition publiée d'après un manuscrit du XIIIe siècle, par Marnier. Paris, 1846, in-8°.

FONTANON. *Les édits et ordonnances des rois de France*, depuis Louys VI, dit le Gros, jusqu'à présent : avec vérifications, modifications et déclarations sur iceux. Divisez en quatre tomes, par Antoine Fontanon, advocat en parlement et de nouveau reveuz, corrigez et augmentez de plusieurs belles ordonnences anciennes et nouvelles, par Gabriel Michel, angevin, advocat en parlement et au conseil privé du Roy. Paris, 1611, 4 vol. in-fol.

FROISSART. *Les Chroniques de sire Jean Froissart*, avec notes et éclaircissements, par Buchon. Paris, 1835, 2 vol. grand in-8 à deux colonnes. Edition du *Panthéon littéraire*.

FURETIÈRE (Antoine). *Dictionnaire universel*. La Haye et Rotterdam, 1690, 3 vol. in-fol.

Grammaire générale et raisonnée, contenant les fondements de l'art de parler, expliqués d'une manière claire et naturelle, etc. Paris, 1660, in-12. — C'est l'édition originale de la grammaire de Port-Royal, rédigée par Arnauld et Lancelot.

GUESSARD. *Examen critique de l'ouvrage intitulé : Des variations du langage français depuis le XIIe siècls*; dans la bibliothèque de l'école des Chartes, 2e série, t. II, p. 189 et 289.

GUILLAUME DE VILLEDIEU. *Epithoma vocabulorum* decerptum ex Calepino, Perotto, etc., et plusculis aliis quod tandem auctum est, et correctum a Guilelmo Monacho de Villadei, etc. Venundantur Cadomi in edibus Michaelis Augier juxta conventum fratrum minorum, in-4°, S. D.—L'épitre dédicatoire est datée de 1529.

Hugues Capet, Chanson de geste, publiée par le marquis De La Grange. Paris, 1864, in-18.

Huon de Bordeaux, Chanson de geste, publiée par Guessard et Grandmaison. Paris, 1860, in-18.

JAMIN (Amadis). *Œuvres poétiques d'Amadis Jamin*, revues, corrigées et augmentées pour la seconde impression. Paris, 1577, petit in-12.

JAUBERT (Le comte). *Glossaire du centre de la France*, 2e édition. Paris, 1864, in-4°.

JOB. Voyez *Les quatre livres des rois.*

JOINVILLE. *Histoire de saint Louis*, par Jean sire de Joinville, suivie du *Credo* et de la lettre à Louis X, texte ramené à l'orthographe des chartes du sire de Joinville et publié par Natalis de Wailly. Paris, 1868, in-8°.

JULLIEN (Bernard). *Cours supérieur de grammaire*. Paris, 1849, in-8°.

LABBE (Philippe). *Les étymologies françoises*. Paris, 1661, in-18.

LA BOETIE. *Œuvres complètes d'Estienne de La Boëtie*, réunies pour la première fois et publiées avec des notes par Léon Feugère. Paris, 1846, in-12.

LAFONTAINE (Jean DE) *Œuvres de Lafontaine*, édition revue, mise en ordre et accompagnée de notes par Walkenaer. Paris, 1817, 6 vol. in-8°.

La politesse de la langue françoise, pour parler purement et écrire nettement, par N. Fr. (le P. Léon, carme), 4e édition. Paris, 1673, in-12.

LARTIGAUT. *Les principes infaillibles et les règles assurées de la juste prononciation de notre langue*, Paris, 1670, in-12.

Le ménagier de Paris, traité de morale et d'économie domestique composé vers 1393, par un bourgeois parisien. Paris, 1846, 2 vol. in-8°.

Les cent nouvelles nouvelles, dites *les cent nouvelles du roi Louis XI*. Nouvelle édition avec notes et introduction par Jacob, bibliophile. Paris, 1858, in-12.

Les quatre livres des Rois, traduits en français du XIIIe siècle, suivis d'un fragment de moralités sur Job et d'un choix de sermons de saint Bernard, publiés par Leroux de Lincy. Paris, 1841, in-4°.

L'histoire et plaisante cronique du petit Jehan de Saintré, publiée par Guichard. Paris, 1843, in-12.

Li Livres de jostice et de plet, publié par Rapetti. Paris, 1850, in-4°.

LITTRÉ. *Dictionnaire de la langue française*, 4 vol. in-4°.

LIVET. *La grammaire et les grammairiens au XVIe siècle.* Paris, 1859, in-8°.

MARIE DE FRANCE. *Poésies* publiées par Roquefort. Paris, 1820, 2 vol. in-8°.

MALHERBE. *Œuvres complètes de Malherbe,* publiées par Lalanne. Paris, 1862, 4 vol. in-8°.

MAROT (Jean). *Œuvres de Jean Marot,* nouvelle édition. Paris, Coustelier, 1723, in-12.

MAROT (Clément). *Œuvres de Clément Marot,* nouvelle édition avec notes historiques et un glossaire des vieux mots par Auguis. Paris, 1823, 5 vol. in-18.

MARTY-LAVEAUX. Voyez *Corneille.*

MENAGE (Gille). *Observations sur la langue françoise,* seconde édition. Paris, 1675, in-12. — 2e partie. Paris, 1676, in-12. — *Dictionnaire étymologique de la langue françoise.* Paris, 1750, 2 vol. in-fol.

MENARD (Claude). *Histoire de messire Bertrand Duguesclin,* connestable de France. Paris, 1618, in-4°.

MOLAND (Louis). *Origines littéraires de la France.* Paris, 1862, in-8°.

MOLIÈRE. *Œuvres de Molière* avec les notes de tous les commentateurs; édition publiée par Aimé Martin. Paris, 1814, 9 vol. in-8°.

MONET (Philibert). *Inventaire des deux langues françoise et latine,* assorti des plus utiles curiosités de l'un et de l'autre idiome. Lyon, 1636, in-fol. — *Abrégé du parallèle des langues françoise et latine,* 5e édition. Paris, 1635, in-4°.

MONSTRELET. *La Chronique d'Enguerrand de Monstrelet,* publiée par Douet-d'Arcq. Paris, 1857, 5 vol. in-8°.

MONTAIGNE. *Essais de Michel de Montaigne,* avec les notes de tous les commentateurs, édition publiée par J. V. Leclerc. Paris, 1826, 5 vol. in-8°.

MOREL (Guillaume). *Thesaurus vocum omnium latinarum ordine alphabetico digestatum, quibus Græcæ et Galicæ respondent.* Item adjectæ sunt utriusque linguæ phrosas selectissimæ, ex optimis quibusque auctoribus opera Guillelmi Morelli descriptæ. Parisiis, 1622, in-4°.

NICOT (Jean). *Thrésor de la langue françoise et latine,* tant ancienne que moderne, revue et augmentée en cette dernière impression de plus de moitié, par Jean Nicot. Paris, 1606, in-fol.

Nouveau recueil de fabliaux et contes inédits, des poëtes français des XIIe, XIIIe, XIVe, XVe siècles, publiés par Méon. Paris, 1823, 2 vol. in-8°.

Observations de l'Académie françoise sur les Remarques de Vaugelas. Paris, 1704, in-4°.

Ogier de Danemarche, par Raimbert de Paris, poëme du XIIe siècle. Paris, 1842, 2 vol. in-8°.

Ordonnances des rois de France de la troisième race. Paris, 1723-1849. Ce recueil, qui forme 21 vol. in-fol., contient les ordonnances à partir de l'année 1051 jusqu'à l'année 1514.

Oudin (Antoine). *Grammaire françoise rapportée au langage du temps.* Paris, 1633, in-12; — nouvelle édition revue et augmentée. Douay, veuve Marc Wion, 1648, in-12.

Pajot (Charles). *Dictionnaire nouveau françois-latin.* Paris, 1669, in-8°.

Palissy (Bernard). *Œuvres de Bernard Palissy.* Paris, 1717, in-4°.

Palsgrave (Jean). *L'éclaircissement de la langue françoise,* par Jean Palsgrave, suivi de la grammaire de Giles Du Guez, publiés pour la première fois en France par Génin. Paris, 1852, in-4°.

Paris (Gaston). *Étude sur le rôle de l'accent latin dans la langue française.* Paris, 1862, in-8°.

Parise la duchesse, chanson de geste, 2e édition, revue et corrigée par Guessard et Larchey. Paris, 1860, in-18.

Partonopeus de Blois, publiée par Crapelet. Paris, 1834, 2 vol. in-8°.

Pasquier (Etienne). *Les Œuvres d'Estienne Pasquier.* Amsterdam, 1723, 2 vol. in-fol. Dans le second volume se trouvent les lettres de Nicolas Pasquier.

Patru. Voyez *Vaugelas.*

Poisson (Robert). *Alfabet nouveau de la vrée et pure ortografe fransoize et modéle sus iselui en forme de dixionére,* dédié au roi de Franse et de Navarre Henri IIII, par Robert Poisson, équier (au vile) de Valonnes en Normandie, à Paris, chez Jérémie Périer, livrére és petis degrèz du Palais, 1609 avec privileje du Roi, petit in-8°.

Pougens (Charles). *Archéologie française* ou *Vocabulaire des mots anciens,* tombés en désuétude et propres à être restitués au langage moderne. Paris, 1821, 2 vol. in-8°.

Quicherat. *Traité de versification française,* 2e édition. Paris, 1850, in-8°.

Rabelais. *Œuvres de F. Rabelais.* Paris, 1823, 3 vol. in-8°.

Raynouard. *Lexique roman* ou *Dictionnaire de la langue des troubadours,* comparé avec les autres langues de l'Europe latine. Paris, 1844, 6 vol. in-8°.

Regnier Desmarais. *Grammaire françoise*. Paris, 1606, in-fol. et in-12.

Richelet. *Dictionnaire françois*. Genève 1680, in-4°.

Roman de la Rose, par Guillaume de Lorris et Jehan de Meung, nouvelle édition revue et corrigée par Méon. Paris, 1814, 4 vol. in-8°.

Roman de la Violette de Gérard de Nevers, en vers du XIII° siècle, par Gibert de Montreuil, publié par Fr. Michel. Paris, 1834, in-8°.

Roman de Rou et des ducs de Normandie, par Robert Wace, publié par Fréd. Pluquet. Rouen, 1827, 2 vol. in-8°.

Roman des sept sages de Rome, en prose, publié pour la première fois, d'après un manuscrit de la bibliothèque royale, avec une analyse et des extraits de Dolopathos, par Leroux de Lincy ; à la suite de l'Essai sur les fables indiennes et sur leur introduction en Europe, par Loiseleur-Deslongchamps. Paris, 1838, in-8°.

Roman du Renart, publié par Méon. Paris, 1826, 4 vol. in-8°. — Supplément publié par Chabaille, 1835, in-8°.

Roman du Saint-Graal, publié par Fr. Michel. Paris, 1839, in-8°.

Romans (Li) de Berte aus grans piés, publié par Paulin-Paris. Paris, 1832, in-12.

Romans (Li) du Chastelain de Coucy et de la dame de Fayel. Cet ouvrage a été publié avec une traduction de Crapelet, sous le titre suivant : l'*Histoire du Chastelain de Coucy et de la dame de Fayel*. Paris, 1829, in-8°.

Romans (Li) de Garin le Loherain, publié par Paulin-Paris. Paris, 1835, 2 vol. in-12.

Ronsard. *Les œuvres de Pierre de Ronsard*. Paris, 1623, 2 vol. in-fol.

Roquefort. *Glossaire de la langue romane*. Paris, 1808, et supplément, 1820, 3 vol. in-8°.

Rutebeuf. *Œuvres complètes de Rutebeuf*, trouvère du XIII° siècle, recueillies et mises au jour pour la première fois par Achille Jubinal. Paris, 1839, 2 vol. in-8°.

Rymer. *Fœdera, conventiones, litteræ*, etc., inter reges angliæ et alios quosvis imperatores, reges, etc., ab anno 1101 ad nostra usque tempora habita aut tractata. Lundini, 1704-35, 20 vol. in-fol.

Satyre Menippée, de la vertu du catholicon d'Espagne et de la vertu des états de Paris. Ratisbonne, 1709, 3 vol. in-8°.

Scarron. *Virgile travesti en vers burlesques*, précédé d'une notice sur l'auteur et accompagné de notes, nouvelle édition par Charles Fétilly. Paris, 1845, 2 vol. in-8°.

SCHELER (Auguste). *Dictionnaire d'étymologie française*, d'après les résultats de la science moderne. Bruxelles et Paris, 1862, in-8°.

SÉVIGNÉ (Mme). *Lettres de madame de Sévigné, de sa famille et de ses amis*, recueillies et annotées par Monmerqué. Paris, 1866, 14 vol. in-8°. Les deux derniers volumes contiennent le *Lexique de la langue de madame de Sévigné*, par Sommer.

SERRES (Olivier de). *Le théâtre d'agriculture et mesnages des champs*, d'Olivier de Serres, seigneur de Pradel. Paris, an XII-XIII (1804-1805), 3 vol. in 4°.

SULLY. *Mémoires ou Œconomies royales* d'Estat domestiques, politiques et militaires de Henry le Grand, par Maximilian de Bethune, duc de Sully. Paris, 1664, 3 vol. in-fol.

TAHUREAU (Jaques). *Les dialogues de Jaques Tahureau*, gentilhomme du Mans. Rouen, 1583, in-18.

THIERRY (Jehan). *Dictionnaire françois-latin*, auquel les mots françois, avec les manières d'user d'iceulx, sont tournez en latin, corrigé et augmenté par maistre Jehan Thierry, avec l'aide et diligence de gens savants. Paris, 1564, in-fol.

TORY (Geoffroy). *Champ fleury*. Paris, 1529, in-4°.

VALENCIENNES (Henri DE), continuateur de Ville-Hardouin.

VILLE-HARDOUIN. *De la conquête de Constantinoble*, par Jeoffroy de Ville-Hardouin et par Henri de Valenciennes, édition faite sur les manuscrits nouvellement reconnus et accompagnés de notes et commentaires par Paulin Paris. 1838, in-8°. — Le même ouvrage dans le tome Ier de la la collection des mémoires pour servir à l'*Histoire de France* publiée par Michaud et Poujoulat. Paris, 1836, in-8°.

VERMESSE (Louis). *Dictionnaire du patois de la Flandre française ou wallonne*. Douai, 1867, in-8°.

VILLON. *Œuvres complètes de François Villon*, nouvelle édition avec des notes historiques et littéraires, par Jacob, bibliophile. Paris, 1854, in-18.

TABLE DES MATIÈRES.

TABLE ALPHABÉTIQUE [1].

A

B

C

(1) Chaque mot moderne, ancien ou populaire, qui est examiné dans l'ouvrage, figure ici à son rang alphabétique.

D

E

F

G

M

N

O

P

S

T

PARIS. — IMPRIMERIE COSSE ET J. DUMAINE, RUE CHRISTINE, 2.

www.ingramcontent.com/pod-product-compliance
Ingram Content Group UK Ltd.
Pitfield, Milton Keynes, MK11 3LW, UK
UKHW022102260726
13993UKWH00001B/283